PETRA STAMER-BRANDT | MONIKA MURPHY-WITT

Das Erziehungs-ABC

THEORIE

PRAXIS

SERVICE

DIE AUTORINNEN

Petra Stamer-Brandt, Erzieherin und Sozialpädagogin, ist freiberuflich in der Fortbildung von Pädagogen tätig und hat einen Lehrauftrag an der Christian-Albrecht-Universität in Kiel. Daneben arbeitet die Mutter von vier Kindern in der pädagogischen Beratung und publiziert seit vielen Jahren regelmäßig Bücher, Artikel und Aufsätze.

Monika Murphy-Witt arbeitet – nach ihrem Studium der Politikwissenschaft, Soziologie und Pädagogik – seit vielen Jahren als freiberufliche Journalistin sowie Redakteurin bei Publikumszeitschriften. Die Mutter von zwei Kindern hat viele Zeitschriftenartikel und Bücher zu den Themen Erziehung, Pädagogik und Gesundheit geschrieben.

EIN WORT ZUVOR

»Unser Kind ist so schwierig«, stöhnen immer mehr Eltern. Oft suchen sie Hilfe bei Erziehungsberatungsstellen: Streit, Ungehorsam, aggressives Verhalten und heftige Wutanfälle gehören in vielen Familien zum Alltag. Etwa ein Viertel der Kindergartenkinder zwischen drei und sechs Jahren bereitet laut Studien erhebliche Probleme. Doch auch Kleinigkeiten wie Chaos im Kinderzimmer oder Lügengeschichten können zum Dauerstress werden.

Ein Kind zu erziehen ist kein Kinderspiel, und die heutigen Lebensumstände machen es oft nicht leichter. Enge Wohnungen, kaum Möglichkeiten zum Spielen und Toben, optische und akustische Reizüberflutung: keine optimalen Bedingungen für kleine Menschen. Hektik im Alltag statt gemütlicher Stunden mit den Eltern, Fastfood statt Familienessen, Fernsehen und Computer statt Sandkiste und Bäumeklettern, Konsum statt Abenteuer – all das hinterlässt Spuren bei Kindern. Auch vergessen wir oft, dass sie keine kleinen Erwachsenen sind. Sie können manches einfach noch nicht begreifen und haben andere Bedürfnisse als wir. Und sie brauchen klare Regeln, Grenzen und unantastbare Werte.

Eltern müssen eindeutig Stellung beziehen, jeden Tag aufs Neue – auch wenn es oft anstrengend ist. Doch früher oder später zahlt es sich aus. Dieses Buch vermittelt Ihnen das nötige Wissen über Ihr Kind und seine Entwicklung, damit Sie es auch in Stresssituationen besser verstehen. Es enthält viele praktische Anregungen für den Erziehungsalltag, damit Sie typische Situationen leichter meistern. All das hat sich vielfach in unserem eigenen Erziehungsalltag bei unseren insgesamt sechs Kindern bewährt.

Wir wünschen Ihnen viel Erfolg, Geduld, Durchhaltevermögen sowie eine Portion Humor – für mehr Spaß am Familienleben!

Petra Stamer-Brandt
Monika Murphy-Witt

ERZIEHEN – ABER WIE?

Kinder zu haben ist so schön – und manchmal so schwer! Da ist es gut zu wissen, was die Kids im Alter von zwei, vier oder sieben Jahren ganz besonders brauchen.

Kinder verstehen lernen

Familienleben könnte so schön sein. Doch neben den vielen wunderbaren Glücksmomenten gibt es auch immer wieder Phasen, in denen scheinbar alles schief läuft. Allzu oft gibt es Ärger mit den Kindern, Zank und Streit – und das meist wegen Kleinigkeiten: Die Kids können nicht still sitzen, sind laut und ungehorsam, verbreiten überall Chaos und geben ständig Kontra. Solche Phasen müssen alle Eltern durchstehen. Einige wichtige Dinge über die kindliche Entwicklung zu wissen hilft ihnen dabei.

»Wie sollen wir unser Kind erziehen?«, fragen sich viele Eltern. Doch leider gibt es keine exakten, wissenschaftlich belegten Vorgaben dazu, was in der Erziehung richtig oder falsch ist.
Es gibt nur Erkenntnisse über die Entwicklung von Kindern: was in welchem Alter in ihnen vorgeht, was sie schon können, was man noch nicht erwarten darf. Dieses Wissen hilft uns Großen, kleine Leute besser zu verstehen und entsprechend auf sie zu reagieren. Kinder wollen akzeptiert werden – so wie sie sind. Dieses Streben nach Eigenständigkeit macht es uns Eltern nicht immer leicht. Es erfordert viel Einfühlungsvermögen und Geduld.
Erziehung sollte immer vom Kind ausgehen. Das setzt viel Liebe, aber auch Ihr Vertrauen in die eigenen elterlichen Fähigkeiten voraus. Beobachten Sie Ihr Kind genau, lernen Sie es kennen. Kinder haben ein Recht darauf, schrittweise ihre ureigene und unverwechselbare Individualität zu entwickeln. Wir können und müssen ihnen Erziehung und Bildung nicht »eintrichtern«. Sie finden – mit entsprechender liebevoller Unterstützung – ihren individuellen Weg in der Regel ganz allein. Verlassen Sie sich auf Ihre Intuition. Sie sind die Expertin, der Experte für Ihr Kind. Ihr Gefühl, Ihr Wissen über Ihr Kind sagen Ihnen meist genau das Richtige. So werden auch Sie Ihren Erziehungsweg finden.

Die kindliche Entwicklung

Seit sich die Menschen mit Psychologie beschäftigen, versuchen sie, die kindliche Entwicklung in Phasen einzuteilen. Lange Zeit glaubte man, dass jedes Kind in einem gewissen Zeitraum bestimmte Entwicklungsstufen durchläuft und dabei kontinuierlich Lernfortschritte macht, die aufeinander aufbauen (Phasentheorie). Heute weiß man, dass das so nicht stimmt. Denn die Entwicklung eines Kindes geht zwar Schritt für Schritt langsam die Treppe hinauf, verläuft aber bei jedem Menschen anders. Und es kann dabei zu Stillständen, Sprüngen oder Rückschritten kommen.
Die Phasentheorie bietet lediglich einen Orientierungsrahmen, um Verhaltensweisen richtig einzuordnen. Die Übergänge von einer Entwicklungsstufe zur nächsten sind fließend und bei jedem anders. Jedes Kind hat sein ganz eigenes Entwicklungstempo.

HOCH HINAUS

Stellen Sie sich vor, wie Ihr Kind Stufe für Stufe eine Treppe erobert. Dabei kann es vorkommen, dass es eine Stufe überspringt, etwas länger auf einer verweilt oder mal eine erklommene Stufe wieder hinuntergeht – so wie es gerade gut ist. Behalten Sie dieses Bild im Kopf.

Jedes Kind ist einzigartig

Das »Durchschnittskind« mit der idealtypischen Entwicklung gibt es wie gesagt nicht: Kinder entwickeln sich individuell. Eines läuft schon mit 8 Monaten und ist mit 18 Monaten trocken, ein anderes läuft erst mit 15 Monaten und trägt als Vierjähriges immer noch eine Windel – beginnt aber in diesem Alter vielleicht schon zu lesen und einfache Rechnungen zu lösen. Beides ist möglich, beides kann in Ordnung sein.

Die Entwicklung hängt nicht nur vom Kind selbst ab, sondern auch von anderen Faktoren: vom Umfeld (Elternhaus, Freunde, Verwandte, Kindergarten ...), von der Gesundheit, der Geschwisterkonstellation und vielem mehr. Manche Kinder entwickeln sich kontinuierlich, andere starten langsamer als ihre Altersgenossen und überholen sie dann plötzlich. Stillstand und Rückschritte, aber auch Sprünge in der Entwicklung sind völlig normal.

STABILITÄT FÜRS LEBEN

Die ersten Lebensjahre sind für jedes Kind besonders wichtig, sie prägen es für seine gesamte Zukunft. Wenn Sie Ihrem Kind gerade in dieser Zeit eine verlässliche und stabile Beziehung geben, stehen Sie beide auf der Gewinnerseite.

Das erste Lebensjahr

Ihr Kind wird nie wieder in seinem Leben so viel lernen wie im ersten Lebensjahr. Im Säuglingsalter – das ist die Zeit zwischen der Geburt und den ersten Schritten – lernt Ihr Kind zu sehen, zu riechen, zu hören, zu schmecken, zu greifen und zu sitzen, sich umzudrehen, zu krabbeln, auf Berührung zu reagieren, Wünsche und Bedürfnisse zu äußern und vieles mehr.

Manche seiner Sinne sind jetzt noch nicht so gut ausgeprägt; Gleichgewichtssinn, gezieltes Greifen und koordiniertes Sehen müssen noch gelernt werden. Aber riechen und schmecken kann Ihr Kind im ersten Lebensjahr schon fast perfekt.

Das zweite Lebensjahr

Gegen Ende des ersten und zu Beginn des zweiten Lebensjahres lernt ein Kind zu laufen und zu sprechen. Und es beginnt damit, die Welt um sich herum zu entdecken – zuerst die überschaubare häusliche Umwelt seiner Familie.

Wahrscheinlich dreht sich bei Ihrem Kind um den ersten Geburtstag herum fast alles ums Laufen. Es lernt außerdem zu sprechen und beginnt, komplexere Handlungen willentlich durchzuführen.

Die motorische Entwicklung

Jetzt probiert Ihr Kind alle erdenklichen Bewegungen aus. Es will auf jeden Stuhl klettern, jede Treppe erklimmen. Es testet aus, wie sein eigener Körper funktioniert, und erforscht die Welt – auch außerhalb des Kinderzimmers. Ihr Kind möchte jetzt toben, klettern, hüpfen, balancieren, schaukeln und viel laufen. Das tut es auch, ohne müde zu werden. Dabei lernt es, seine Bewegungsabläufe zu koordinieren, das Gleichgewicht zu halten, Augen und Hand zu kontrollieren und mit Gefahren umzugehen.
Diese Zeit ist für viele Eltern recht anstrengend. Ständig möchte das Kind auf dem Rücken der Eltern reiten, Schrankfächer ausräumen, auf die Küchenanrichte klettern oder durch die frisch gemachten Betten toben. Freuen Sie sich über den Bewegungsdrang Ihres Kindes: Er gehört zur gesunden motorischen Entwicklung. Doch kleine Leute nutzen jede Gelegenheit, sich zu erproben: Keine Treppe und keine Fensterbank ist vor ihnen sicher. Achten Sie deshalb auf Kindersicherungen. Unterschätzen Sie die Bewegungsfähigkeit Ihres Sprösslings nicht.

Die geistige und sprachliche Entwicklung

Während Ihr Kind anfangs Handlungen erwachsener Vorbilder nachahmt, beginnt es gegen Ende des zweiten Lebensjahres, Informationen zu verarbeiten und eigene Lösungen zu suchen. Es kann sich zum Beispiel vornehmen, einen Turm zu bauen und dafür die Bauklötze herzuschaffen, einen Platz frei zu räumen und Schritt für Schritt den Turm aufzubauen. Kippt der um, wird ein neuer Versuch gestartet, und die Erfahrungen der ersten Bauphase fließen in den neuen Versuch ein. So lernt das Kind allmählich, seine Handlungen zu koordinieren. Dafür benötigt es ein gut entwickeltes Tastempfinden. Die Basis dafür wird jetzt gelegt. Denn nun kann Ihr Kind auch Berührungen lokalisieren und Ihnen ziemlich genau sagen, wo es berührt wurde. Hat es einen sicheren Tastsinn und das Gespür für den eigenen Körper, gelingt es ihm, mit Gegenständen sicher umzugehen. Ungeschickte Kinder, denen alles aus der Hand fällt oder die ständig Dinge umstoßen, haben oft einen schlecht ausgeprägten Tastsinn.

LUST AN DER BEWEGUNG

Auf dem Spielplatz, im Garten, beim Waldspaziergang erfährt Ihr Kind etwas über die Schwerkraft und über seine Körperempfindungen. Es entwickelt Bewegungssicherheit, lernt seine Fähigkeiten richtig einzuschätzen und seinen Körper ebenso zu beherrschen wie ein kleines Stück der Welt.

Auch für die Entwicklung seiner Intelligenz braucht Ihr Kind Anreize: Es benötigt Zeit und Raum, um seine eigenen Erfahrungen machen zu können. Denken Sie immer daran, dass Ihr Kind durch eigene Erfahrungen lernen will und kann. Haben Sie Geduld und bieten Sie ihm nicht ständig Ihre Lösungen an.

Ein zweijähriges Kind ist fähig, einfache Aufforderungen und Hinweise zu verstehen und auch zu befolgen. Es kann 30 bis 50 Wörter sprechen und noch viel mehr verstehen. Es verwendet Zwei- bis Drei-Wort-Sätze, etwa um kleine Erlebnisse verständlich zu erzählen. Beim Betrachten eines Bilderbuches kann es beschreiben, was es sieht. Für die Sprachentwicklung ist es jetzt besonders wichtig, gemeinsam viele Bücher anzuschauen, Geschichten zu erzählen und vorzulesen. Nutzen Sie jeden Anlass für ein Gespräch. Ihr Kind spricht jetzt auch nicht mehr von sich in der dritten Person.

Ihr Sprössling ist noch weit davon entfernt, unabhängig zu sein. Ihre Aufgabe ist es jetzt, einen Spagat zu vollführen: ihm Freiheit zu gewähren, trotzdem aber noch Unterstützung und Ermunterung zu geben. Reagieren Sie mit möglichst viel Verständnis und Geduld und erhalten Sie bewusst eine zärtliche Beziehung aufrecht.

TIPP: Darauf kommt's jetzt besonders an

- Ihr Kind braucht viel Liebe, Anerkennung und Unterstützung.
- Es benötigt Freiräume, die seinem Alter entsprechen und die ihm ermöglichen, seine eigenen Stärken und Grenzen auszutesten.
- Es macht die Erfahrung, dass es viele Dinge ohne erwachsene Hilfe bewältigen und entdecken kann. Geben Sie ihm möglichst viele Gelegenheiten dazu. Gehen Sie sparsam mit Anweisungen um, lassen Sie Ihr Kind seinen Weg finden und seinen Forscherdrang ausleben. Es lernt so sich selbst, seinen Körper und seine Umwelt kennen.
- Ihr Kind braucht viele Bewegungsanreize und Gelegenheiten, sich ausgiebig zu bewegen. Ermutigen und begleiten Sie es, wenn es Neues ausprobieren möchte. Durch Bewegung lernt Ihr Kind, seinen Körper zu navigieren. Viel Laufen, Springen, Hüpfen, Klettern unterstützt seine sensomotorische Entwicklung – also die Entwicklung der Sinne und körperlichen Fähigkeiten.

Die soziale Entwicklung

Im zweiten Lebensjahr wird sich Ihr Kind seiner selbst bewusst: Es lernt, sich als ein von Mutter und Vater unabhängiges, eigenständiges Wesen wahrzunehmen. Es macht die Erfahrung, dass es viele Dinge ohne Hilfe bewältigen und entdecken kann.

Ihr Kind erkennt sich irgendwann selbst im Spiegel. Es weiß: Das bin ich! Und es erfährt jetzt: Es kann sein eigener Herr sein, Nein sagen und widersprechen. Mit knapp zwei Jahren kommen viele Kinder in die »Trotzphase«. Heute sprechen Pädagogen eher vom »Autonomiealter«. Denn inzwischen weiß man, dass das widerspenstige Verhalten ein Zeichen dafür ist, dass das Kind jetzt selbstständig wird. Das alles sind wichtige Voraussetzungen, um Beziehungen zu anderen Menschen einzugehen. Ihre Aufgabe ist es, Ihr Kind in diesem Prozess zu bestätigen.

Ihr Nachwuchs beginnt nun allmählich, sich von Ihnen zu lösen. Dies ist der erste Schritt, um sicher und selbstständig zu werden. Das Kind spielt jetzt zwar noch vorwiegend allein und eher neben als mit anderen Kindern, aber es liebt die Gesellschaft anderer – auch wenn es mit seinen zwei Jahren noch keine dauerhaften sozialen Beziehungen aufbauen kann.

EIN GUTES ZEICHEN

Trotzig sind Kinder nur gegenüber Menschen, denen sie vertrauen, bei denen sie sich sicher und geborgen fühlen. Zwischen Ihnen und Ihrem kleinen Trotzkopf »stimmt« es also!

Das dritte und vierte Lebensjahr

Ihr Kind kann sich nun immer besser verständlich machen und zu anderen Kontakt aufnehmen. Sein Gehirn arbeitet schon hervorragend und ist ganz besonders aufnahmefähig. Wie ein Schwamm saugt Ihr Kind alle neuen Informationen auf. Es ist neugierig auf sich und die Welt, kann aber noch nicht alles verarbeiten. Spielen ist nach wie vor seine Hauptbeschäftigung und wird es auch noch einige Jahre bleiben.

Die motorische Entwicklung

Ihr Kind möchte jetzt mit allen Dingen hantieren, alles ausprobieren. Das klappt noch nicht immer perfekt, aber Übung macht bekanntlich den Meister. Es lernt nach und nach, sicher mit Gegenständen wie Messer und Gabel, Schere, Buntstiften, Farben und Pinsel, Schaufeln, Reißverschlüssen, Haken und Ösen, der Abwaschbürste, Knöpfen und Schnürsenkeln umzugehen.
Seine Sinnesorgane funktionieren immer perfekter. Ihr Kind kann eine Blumenzwiebel einpflanzen, einen Papierflieger falten, Toilettenpapier richtig benutzen, ein riesiges Loch in Ihr Blumenbeet buddeln und auf einem Baumstamm balancieren.

Die geistige und sprachliche Entwicklung

Ihr Kind spricht jetzt schon recht gut. Es verfügt am Ende des vierten Lebensjahres über einen Wortschatz von etwa 1500 bis 2000 Wörtern und hat die Grundlagen seiner Muttersprache erworben. Es kann seine Interessen und Wünsche durch Sprache richtig und gut ausdrücken.
Ihr Kind verfügt nun über ein autobiographisches Gedächtnis, es kann sich an Vergangenes erinnern und sich darauf beziehen. Es malt einfache Figuren und erkennt die Struktur von Ereignissen.
Im dritten bis vierten Lebensjahr erfasst Ihr Kind schon viele sachliche Zusammenhänge. Gleichzeitig befindet es sich noch in einer magischen Phase: Die meisten Kinder können jetzt Realität und Fantasie noch nicht immer auseinanderhalten, wie es ab etwa fünf Jahren gelingt. Hexen, Zauberer, Feen, Märchen und fantastische Geschichten üben noch einen unwiderstehlichen Reiz aus.

MAGISCHES DENKEN UND REALITÄT

Ihr Kind ahnt nun vielleicht, dass es Osterhasen und Weihnachtsmann nicht gibt. Es malt dem Weihnachtsmann einen Wunschzettel, begrüßt ihn ehrfürchtig vor dem Kaufhaus – und erzählt im Kindergarten, dass es ihn nicht gibt. Ganz normal in diesem Alter!

Die soziale Entwicklung

Ihr Kind ist um seinen dritten Geburtstag wahrscheinlich trocken. Im Kindergarten spielt es mit anderen Kindern. Alle Spielpartner sind »Freunde«, aber diese wechseln noch schnell. Echtes Zusammengehörigkeitsgefühl gibt es in den kleinen Spielgruppen noch nicht. Was sich bereits entwickelt, sind unterschiedliche Rollen: Manche Kinder sind still und zurückhaltend, andere schon recht dominant. Ihr Sprössling nimmt wahr, dass Kinder verschieden sind und unterschiedliche Gefühle und Standpunkte haben.

Die Standardaussagen Ihres Kindes sind jetzt wahrscheinlich »Nein« und »Das kann ich selbst«. Bis zum Alter von vier Jahren dauert das Autonomiealter an. Selbst ein bisher folgsames Kind entwickelt sich jetzt zum Neinsager und besteht darauf, notfalls verstärkt durch Wutausbrüche, seinen Willen durchzusetzen. Grund dafür ist die Entwicklung des Ich- oder Selbstbewusstseins. Ihr Kind probiert aus, ob und wie es etwas erreichen kann. In seinem natürlichen Durchsetzungs- und Geltungsdrang und einem starken Streben nach Unabhängigkeit will es sich in der Familie und unter Kindern beweisen und behaupten. Dazu braucht es unbedingt Gelegenheit – und Sie brauchen viel Feingefühl.

WIE DU MIR ...

Zwischen dem dritten und vierten Lebensjahr entdeckt Ihr Kind erste Geheimnisse im Umgang mit anderen Menschen: Wenn ich freundlich bin, reagieren die anderen in der Regel auch freundlich. Wutausbrüche wecken dagegen den Zorn der anderen.

TIPP: Darauf kommt's jetzt besonders an

- In diesem Alter haben viele Kinder Sprachstörungen. Sollte Ihnen am Sprachverhalten Ihres Kindes etwas auffällig vorkommen, fragen Sie Ihren Arzt oder suchen Sie einen Logopäden auf.
- Auch Sehstörungen sind in dieser Altersgruppe nicht selten. Lassen Sie die Augen Ihres Kindes überprüfen und nehmen Sie unbedingt alle Vorsorgeuntersuchungen wahr.
- Das Spiel mit anderen Kindern gewinnt an Bedeutung. Ein Platz im Kindergarten ist daher wichtig, ebenso wie Spielplatzbesuche und gemeinsame Aktivitäten mit gleichaltrigen Kindern aus der Nachbarschaft.
- Ihr Kind braucht frische Luft und Bewegung.
- Es braucht Bestätigung, Erfolgserlebnisse, aber auch Grenzen.
- Betrachten Sie mit Ihrem Kind viele Bilderbücher und lesen Sie ihm fantastische Geschichten vor. Sehr beliebt sind bei Kindern in diesem Alter Kinderbuchklassiker wie »Pippi Langstrumpf« von Astrid Lindgren.

Das fünfte bis siebte Lebensjahr

Die Phase des unbegründeten Widerstandes geht nun bei den meisten Kindern langsam zu Ende, Ihre elterlichen Wünsche und Anforderungen stoßen also nicht mehr ausschließlich auf Widerstand. Ihr Kind ist verständiger und versöhnlicher geworden.

Die motorische Entwicklung

Zwischen dem sechsten und siebten Lebensjahr verändert sich auch das äußere Erscheinungsbild Ihres Kindes. Es schießt in die Höhe, Arme und Beine werden länger, das kleinkindhafte, etwas gedrungene Bild verliert sich, und die ersten Milchzähne fallen aus. In dieser Zeit der körperlichen Veränderung, die bis zu einem Jahr dauert, schwankt Ihr Kind häufig zwischen vitalem Übermut mit überschießender Kraft und ausgeprägter Passivität. Der Bewegungsdrang erfährt noch einmal einen gewaltigen Schub, so dass er sich häufig durch besondere Zappeligkeit und Balgereien bemerkbar macht. Die Kinder wollen jetzt ständig etwas erleben, am liebsten aufregende Abenteuer. Ihr Tatendrang ist kaum zu bremsen, und sie wollen ihren Bewegungsradius ausdehnen.

TIPP: Kleine Aufgaben fürs Selbstvertrauen

Auch wenn das Spiel immer noch im Vordergrund steht, möchte Ihr Kind jetzt trotzdem auch schon kleine Aufgaben selbstständig erledigen. Es will Verantwortung tragen und braucht Lob und Anerkennung. Das stärkt sein Selbstbewusstsein ungeheuer.

Geistige und sprachliche Entwicklung

Alle geistigen Funktionen arbeiten jetzt auf Hochtouren. Ihr Kind kann denken, sich erinnern, Fantasien entwickeln, seinen Willen lenken, und es lernt, immer besser mit seinen Antrieben und Gefühlen umzugehen. Es entwickelt jetzt ein relativ gutes Zeitgefühl. Der Grundstock an Kenntnissen und Fertigkeiten für die Anforderungen des Schullebens ist gelegt. Ihr Kind strebt danach, etwas zu leisten. Es möchte endlich zur Schule, möchte dort etwas lernen und dafür gelobt oder belohnt werden. Ob das Aufpassen auf einen jüngeren Bruder oder der Bau einer Kanalanlage in der Sandkiste – Ihr Kind begreift das als seine Arbeit.

Inzwischen führt Ihr Sprössling wahrscheinlich richtige Dialoge und gibt auf Nachfragen präzise Antworten. Im siebten Lebensjahr beherrscht er rund 24 000 Wörter passiv und 5 000 aktiv.

Ihr Kind nimmt sich jetzt endgültig als eigenständige Person wahr und hat ein Bewusstsein für seine eigene Existenz. Es beginnt logisch zu denken, Zusammenhänge zu erkennen, Wissenselemente zu verknüpfen. Ausdauer, Konzentrations- und Wahrnehmungsfähigkeit sind gut entwickelt. Genauigkeit und Sorgfalt beginnen eine Rolle zu spielen. Ihr Kind kann sich hingebungsvoll und ausdauernd – bis zu drei Stunden lang – mit einer Sache beschäftigen, wenn sie interessant genug ist. Und es entwickelt einen Sinn für Regeln. Deshalb fällt es ihm jetzt auch leichter, Regeln zu befolgen, da es deren Sinn nachvollziehen kann.

Soziale Entwicklung

Das Zusammenspiel der Kinder bekommt in diesem Alter eine neue Qualität. Sie spielen jetzt auch in größeren Gruppen miteinander, erfinden dabei ihre eigenen Regeln und kontrollieren deren Einhaltung selbstständig. Rollenspiele erfreuen sich in dieser Phase großer Beliebtheit.

Das Gefühlsleben kleiner Leute bezieht sich nicht mehr nur auf die eigene Person, sondern auch auf die Familie und Freunde. Ihr Kind kann Mitgefühl entwickeln und andere trösten, sich mit ihnen freuen oder leiden. Die egoistische Haltung des Kleinkindes verliert sich allmählich. Das werden Sie auch als Eltern spüren. Ihr Kind wird Ihnen seine Zuneigung nun wieder deutlich zeigen – wenn auch nicht unbedingt in der Öffentlichkeit!

TIPP: Darauf kommt's jetzt besonders an

- Gehen Sie rücksichtsvoll und verständnisvoll mit den Gefühlsschwankungen Ihres Kindes um und stellen Sie nicht zu hohe Anforderungen.
- Der Umgang mit kleinen Leuten kann in diesem Alter vorübergehend wieder etwas schwieriger werden. Denken Sie daran, dass sich Ihr Kind gerade in einer körperlichen wie seelischen Umbruchphase befindet. Es benötigt jetzt viel Aufmerksamkeit und Zuwendung, gleichzeitig aber auch immer neue geistige und körperliche Entwicklungsanreize und Herausforderungen.
- Sollte Ihr Kind beim Sprechen noch grammatische Fehler machen, wiederholen Sie den Satz richtig. So prägt sich die richtige Grammatik ein, ohne dass Sie Ihren Sprössling kritisierend verbessern.

Was Kinder wirklich brauchen

Viele Eltern fühlen sich heute überrollt von Anforderungen und Vorgaben – und fragen sich verunsichert: Was ist denn nun wirklich wichtig für unsere Kinder? So viel ist es im Grunde gar nicht, was ein Kind braucht. Die zehn wichtigsten Punkte haben wir hier zusammengestellt. Damit Kinder glücklich sind – und Sie als Eltern sicher sein können, dass Sie auf dem richtigen Weg sind.

WICHTIG

Kritisieren Sie Ihr Kind im Zorn nie auf abwertende Weise, etwa mit einem entnervten »Das kapierst du einfach nicht, oder?«. Damit schaden Sie seinem Vertrauen zu Ihnen und zu sich selbst. Besser: die kritische Situation mit einer knappen Aufforderung beenden und später in Ruhe ein faires Gespräch führen.

1. Kinder brauchen uneingeschränkte Liebe.

Sie müssen die Erfahrung machen, dass ihre Eltern zu ihnen stehen – ohne Wenn und Aber. Auch wenn Sie einzelne Verhaltensweisen Ihres Kindes ablehnen, muss es wissen: Mama und Papa lieben mich trotzdem. Drücken Sie Ihre Enttäuschung darüber aus, dass Ihr Sohn das nagelneue Dreirad zu Schrott gefahren hat. Kritisieren Sie auch, aber mit Bedacht: »Mir gefällt nicht, dass du deinen kleinen Bruder geschlagen hast« statt »Du bist ein böses kleines Mädchen.« Nutzen Sie jede Gelegenheit, Ihrem Kind immer wieder zu zeigen und zu sagen: »Ich habe dich sehr lieb.«

2. Kinder brauchen stabile Bindungen.

Sie brauchen Schutz, Geborgenheit, Nähe, Trost – und Eltern, die ihnen all das geben. Enttäuschen Sie Ihr Kind nicht, und achten Sie sein Bedürfnis nach Bindung. Ihr Kind muss wissen: »Ich kann mich hundertprozentig auf meine Eltern verlassen. Sie sind immer für mich da.« Nehmen Sie Ihr Kind in den Arm, trösten Sie es, wenn etwas schiefgelaufen ist, statt zu schimpfen. Ermutigen Sie es, eigene Erfahrungen zu machen.

3. Kinder brauchen die Chance, sich in der Welt einzuquartieren.

Es gibt nichts auf der Welt, was für Kinder nicht von Interesse wäre: Sie wollen Räume entdecken, herausbekommen, wie ein Popel schmeckt und ob das Glas kaputtgeht, wenn es auf den Steinfußboden fällt. Sie wollen selbst ausprobieren, ob sie die Treppe schon allein hinaufgehen können, und das Risiko eingehen, beim Einschenken der Milch etwas zu verschütten.

Besorgte, vorschnelle Eltern verhindern häufig, dass Kinder eigene Erfahrungen sammeln. Auch wenn Sie tausendmal sagen, dass die Herdplatte heiß ist und nicht angefasst werden darf – Ihr Kind begreift es erst, wenn es die Hitze selbst an den Fingern spürt. Geben Sie ihm Gelegenheit, die Welt zu entdecken und seinen Platz darin zu finden. Das gelingt ihm allein durch selbstständige Interaktion mit Dingen und Menschen. Greifen Sie nur ein, wenn wirklich Gefahr droht, die Ihr Kind noch nicht überblicken kann.

TIPP: Eigene Erfahrungen

Unterstützen Sie Ihr Kind dabei, eigene Erfahrungen zu machen. Statt »Pass auf, dass du mit dem Eierschneider nicht abrutschst« sagen Sie lieber: »Stell das Gerät hier auf die Unterlage und halte es mit einer Hand gut fest, während du den Schneider herunterdrückst.«

4. Kinder brauchen Entwicklungschancen.

Kinder sind aktive Wesen, die ihre Entwicklungschancen von sich aus nutzen. Sie suchen sich selbst aus, welche Erfahrungen sie machen möchten, und brauchen Erwachsene, die ihnen eine breite Palette an Erfahrungsmöglichkeiten und Erlebnissen anbieten: einen Besuch im Tierpark, Waldspaziergänge, eine Nachtwanderung, Sandburgen bauen, Höhlen konstruieren und Indianerspiele. Kinder brauchen intellektuelle Anreize wie Bücher, Gespräche, Rollenspiele, Theater- und Kinobesuche. Sie benötigen Material, um sich kreativ zu betätigen: Papier, Klebstoff, Stifte, Schere, alte Zeitungen ... Sie möchten die Möglichkeit haben, zu forschen und zu experimentieren: eine Uhr auseinandernehmen, auf einer alten Schreibmaschine tippen, mit einer Waage hantieren, Blumen und Pflanzen züchten und säen. Kinder bestimmen in der Regel selbst, was sie annehmen und was nicht. Und sie holen Versäumtes, vor allem intellektuelle Defizite, wieder auf – vorausgesetzt, sie haben als Basis eine stabile Bindung zu ihren Eltern.

5. Kinder brauchen das Spiel mit anderen Kindern.

Besonders intensive emotionale und soziale Erfahrungen machen kleine Leute im Umgang miteinander. Ermöglichen Sie Ihrem Kind diese Erfahrung. Es erfährt dabei viel über sich selbst und andere. Es lernt, soziale Kontakte zu pflegen, Regeln einzuhalten, Rücksicht zu nehmen, Toleranz zu üben, Konflikte zu regeln, sich mit anderen abzustimmen und sich durchzusetzen. Und es erlebt Freundschaft und verschiedene Rollen und Beziehungen, die über das Familienleben hinausgehen und Eigeninitiative erfordern.

6. Kinder brauchen konsequente Eltern.

Kinder und Erwachsene lernen wechselseitig voneinander. Wenn Paul erfährt, dass er nur lange genug schreien muss, um seinen Willen zu bekommen, dann wird er dies in seinem Leben immer wieder anwenden. Weiß Paul allerdings, dass »Nein« wirklich »Nein« bedeutet, wird er sich auf Dauer Wutausbrüche sparen, weil sie zu nichts führen. Aber auch Pauls Mutter macht vielleicht immer wieder einen entscheidenden Fehler: Sie droht, schimpft und schreit, schlägt vielleicht sogar. Paul lernt: Erst wenn Mama schreit, meint sie es wirklich ernst. Solange sie »nur« redet, muss ich nicht reagieren. Passieren solche Situationen ein- bis zweimal im Jahr, ist das nicht dramatisch. Ist dieses Verhalten allerdings typisch, wiederholt es sich ständig, ist Gefahr im Verzug.
Kinder brauchen geradlinige Eltern, die nicht ständig zaudern und zögern, sondern konsequent handeln. Die nicht ständig hin und her schwanken, heute etwas verbieten und es morgen durchgehen lassen, weil sie die Auseinandersetzungen scheuen, sondern klar sagen, was sie erwarten. Nur so wissen Kinder, woran sie sind.

7. Kinder brauchen viele Momente ungeteilter Aufmerksamkeit.

Wenn Sie sich Ihrem Kind widmen, sollten Sie es mit Ihrer ganzen Energie tun. Ihr Kind muss wissen: »Mama hört mir wirklich zu, sie interessiert sich für die Dinge, die ich tue und die mir wichtig sind. Sie kennt meine Freunde und weiß, was ich gern spiele. Sie fragt auch nach und merkt sich die Dinge, die mir wichtig sind.« Kinder spüren ganz genau, wenn die Aufmerksamkeit nur oberflächlich oder nur gespielt ist. Sie fühlen sich dann nicht ernst genommen und sind verletzt. Ihr Selbstwertgefühl wird ins Wanken gebracht. Fragen Sie Ihr Kind jeden Tag nach seinen Erlebnissen im Kindergarten und mit Freunden. Unterhalten Sie sich über seine Lieblingsspiele. Verbringen Sie Zeit mit Ihrem Kind: Spielen, kuscheln, erzählen und lesen Sie vor. Sie müssen sich nicht stundenlang mit Ihrem Kind beschäftigen, es strebt ja auch nach Autonomie. Trotzdem liebt es die innigen Momente, in denen es Vater oder Mutter ganz für sich allein hat.

TIPP: »Nur du und ich …«
Auch wenn Sie wenig Zeit haben: Gönnen Sie sich und Ihrem Kind bewusst Momente der Zweisamkeit. Zum Beispiel können Sie jeden Tag am Nachmittag eine Viertelstunde als »Erzählstunde« zum festen Ritual machen.

8. Kinder brauchen Beständigkeit.

Beständigkeit bedeutet, dass es Regeln gibt, die nur im Notfall umgestoßen werden. Und dass Regelverletzungen Konsequenzen zur Folge haben. Beständigkeit bedeutet aber auch, dass der Tagesablauf geregelt ist, dass jeder Tag eine wiederkehrende, verlässliche Struktur hat. Dies heißt zum Beispiel, dass die Mahlzeiten regelmäßig, möglichst immer zum gleichen Zeitpunkt stattfinden, dass es feste Zubettgeh-Zeiten gibt, dass die Familie ihre eigenen Rituale hat und dass Verabredungen und Versprechen eingehalten werden.

9. Kinder brauchen Liebe, Lob und Anerkennung.

Begreifen Sie Ihr Kind bewusst als Geschenk. In schwierigen Zeiten gelingt es Ihnen dann besser, ihm mit Wärme und Zuneigung zu begegnen. Liebe ist der Grundpfeiler der Erziehung. Kinder müssen sich der Liebe ihrer Eltern sicher sein, um sich entwickeln zu konnen. Sie müssen wissen: »Mama und Papa mögen mich so, wie ich bin. Sie lieben mich, aber ihre Liebe erdrückt mich nicht.« Liebe drückt sich in Zärtlichkeit, Körperkontakt und Gesten aus. In Worten, Lob, Anerkennung – und dem Setzen klarer Grenzen.

10. Kinder brauchen Grenzen.

»Weil ich dich liebe, werde ich dich jetzt nicht allein über diese verkehrsreiche Straße laufen lassen.« Und: »Weil ich auch deinen Bruder liebe, lasse ich nicht zu, dass du ihn schlägst.« Mit ihrem Verstand können kleine Kinder bis sieben Jahre noch nicht selbstständig entscheiden, wie weit sie in verschiedenen Lebensbereichen gehen können. Sie als Eltern müssen Ihrem Kind deshalb zunächst in grundlegenden Angelegenheiten klare Grenzen setzen, die vorerst einmal nicht verhandelbar sind. Im Laufe der Zeit passen Sie diese Grenzen natürlich immer wieder dem Alter Ihres Kindes an.

Was im Umgang mit Ihrem Kind noch hilft

Fördern Sie den ehrlichen Dialog und treffen Sie gemeinsam Entscheidungen.
Lösen Sie Probleme so früh wie möglich nicht für Ihr Kind, sondern mit ihm. Wenn Sie Entscheidungen allein treffen müssen, erklären Sie Ihre Handlungsweisen und fragen Sie Ihr Kind, warum es in bestimmten Situationen so und nicht anders reagiert. Machen Sie Ihre Erziehung »durchsichtig«. So lernt Ihr Kind durch Ihr Vorbild, selbst offen und ehrlich zu sein.
Ihr Kind kann auch nach und nach Entscheidungen selbstständig treffen. So lernt es, für sein Handeln Verantwortung zu übernehmen. »Ich habe dir zwei Pullover rausgelegt. Such dir bitte einen davon aus.« Auf diese Weise grenzen Sie die Entscheidungsmöglichkeit mit einem gut überschaubaren Angebot ein. Sonst überfordern Sie Ihr Kind.

Seien Sie kreativ und vertrauen Sie Ihrer Intuition.
Sie kennen Ihr Kind besser als jeder andere. Sie erleben es jeden Tag und wissen, wie es in welchen Situationen reagiert. Kein Erziehungsratgeber, kein Verwandter kennt Ihr Kind so gut wie Sie. Vertrauen Sie Ihren Fähigkeiten und Ihrer Intuition. Es gibt kein Patentrezept im Umgang mit Kindern – lediglich hilfreiche Tipps, die auszuprobieren sich lohnt.

Beobachten und zählen Sie.
Manchmal schätzen wir Situationen falsch ein, bewerten sie über. Beobachten Sie, was Sie im Alltag wirklich so wütend macht: Räumt Ihr Kind tatsächlich nie auf, oder geben Sie ihm nicht genug Zeit dafür? Mäkelt Ihre Tochter wirklich ständig am Essen herum oder nur, wenn es Eintopfgerichte gibt? Zählen Sie, wie oft sich Verhaltensweisen, die Sie nicht mögen, tatsächlich zeigen.

Geben Sie immer klare Anweisungen.
Ihr Kind darf keinen Zweifel daran haben, was genau Sie von ihm wollen. Wenn Sie sagen »Du isst wie ein Ferkel«, weiß Ihr Kind zwar, dass Sie sich ärgern, aber nicht, was Sie von ihm erwarten. Besser: »Ich möchte, dass du Messer und Gabel benutzt« oder »Wisch dir den Mund mit deiner Serviette ab.«

Vergessen Sie den Spaß nicht.
Schaffen Sie Gelegenheiten, in denen die Familie gemeinsam Spaß hat und lachen kann. Es sollte täglich mindestens eine Situation geben, die Sie zusammen genießen: Spielen Sie ein Spiel, erzählen Sie sich witzige Geschichten, schauen Sie sich gemeinsam einen lustigen Film an, überlegen Sie, was spaßig und toll an diesem Tag war, was gut gelaufen ist.

Was tun, wenn es mal »brennt«?

Sollte sich trotz aller guten Vorsätze wieder einmal Alltagsärger zusammenbrauen und Ihr Familienleben stören, verzweifeln Sie nicht. Sicher, wenn ständig die gleichen Probleme auftreten, kostet das Kraft und Nerven – und beides haben Eltern nicht unbegrenzt zur Verfügung. Lassen Sie sich trotzdem nicht zermürben und verunsichern. Packen Sie Ihre Probleme an. Im Erziehungs-ABC auf den folgenden Seiten finden Sie zahlreiche Denkanstöße und Anregungen für die häufigsten Erziehungsprobleme:

- Zu Beginn finden Sie immer eine kleine Geschichte oder eine typische Situation aus dem Alltag – mit hohem Wiedererkennungswert. Sicher müssen Sie hier oftmals schmunzeln oder auch mal herzhaft seufzen.
- Sie erfahren, welche Ursachen hinter Ihrem Alltagsärger stecken können und wie er im Zusammenhang mit der Entwicklung Ihres Kindes einzuordnen ist.
- Wir gehen bei allen Tipps von Situationen mit unseren eigenen und anderen Kindern und Familien aus, die ähnliche Situationen erlebt haben, um Ihnen zu zeigen, dass Sie mit Erziehungsproblemen nicht allein sind.
- Wir bitten Sie an manchen Stellen, »die Hand aufs Herz zu legen« und einmal Ihre eigenen Verhaltensweisen zu überdenken. Schließlich kommt es oft vor, dass Eltern ihre Kinder für etwas tadeln, was sie ihnen selbst durch ihr Vorbild beigebracht haben. Vielleicht werden Sie an manchen Stellen schmunzeln, weil Sie sich wiedererkennen.
- Sie finden zahlreiche praktische Tipps und Lösungsmöglichkeiten, um mit schwierigen Situationen im Familienalltag fertig zu werden. Einige werden Ihnen entsprechen, andere vielleicht weniger. Prüfen Sie selbst, welche für Sie, Ihre Familie und Ihr Kind die richtigen sein könnten.

MUT ZUM EIGENEN WEG

In diesem Buch finden Sie zahlreiche Ideen und Anregungen, wie Sie Ihre persönlichen Probleme anpacken können. Daraus sollten Sie dann Ihren ganz eigenen Weg wählen. Denn er muss zu Ihnen passen, voll und ganz. Sie allein entscheiden, wie Sie Ihr Kind erziehen wollen. Und diese Entscheidung kann Ihnen niemand abnehmen. Denn Sie sollten die Verantwortung für Ihr Handeln und den Umgang mit Ihrem Kind mit einem guten Gefühl selbst tragen können. Das ist eine große, spannende und immer wieder neue Herausforderung für Eltern. Nur Mut: Sie werden merken, dass sich stressige Situationen oft schon durch Kleinigkeiten schnell entspannen lassen. Versuchen Sie es!

ERZIEHUNG VON A BIS Z

Angst, Trödeln, Wut: Alle Eltern fragen sich ab und zu ratlos, was sie falsch machen. Hier finden Sie die wichtigsten Tipps für einen entspannten, schöneren Familienalltag.

Angst: Hilfe, Monster!

Lukas (drei Jahre) ist plötzlich furchtbar ängstlich: Er will seit ein paar Tagen nicht mehr in den Kindergarten, und auf den Spielplatz kann ihn seine Mutter auch nicht mehr allein schicken – obwohl der direkt vor der Haustür ist. Woher kommt diese Angst?
Letzte Woche holte Mama ihn 20 Minuten später als sonst vom Kindergarten ab. Kleine Kinder haben ein diffuseres Zeitempfinden als Erwachsene: Für Lukas waren diese 20 Minuten furchtbar. Er hatte Angst, von der Mutter verlassen worden zu sein. Er war noch nicht lange genug in der Tagesstätte, um zu wissen: Mama kommt immer. Nun traut Lukas sich nicht mehr von ihrer Seite. Er muss erst wieder Vertrauen in ihre Verlässlichkeit gewinnen.
Lukas zeigt Trennungs- und Verlustängste, weil er eine schlechte Erfahrung gemacht hat. Wir kennen aber auch andere Ängste: Angst vor Fremden, dem Unbekannten, vor Dunkelheit, Strafe, schlechten Träumen, vor Krankheit und Tod – und viele andere. Angst gehört zu unserem Leben und zu manchen Lebensphasen. Sie ist manchmal ganz realistisch, wie die Angst, beim Balancieren von der Stange zu fallen, oder sie entsteht im Kopf, wie die Angst vor bösen Monstern, die nachts ins Zimmer kommen.
Angst kann ein schrecklicher, aber auch ein hilfreicher Begleiter sein. Bevor Sie versuchen, Ihr Kind von Ängsten zu befreien, denken Sie daran, dass Angst auch vor Gefahren schützt, denn viele Ängste sind durchaus sinnvoll: Dass wir Angst davor haben, die Hand in den Käfig des Tigers zu stecken, auf den höchsten Baum im Garten zu klettern oder blindlings über die verkehrsreiche Straße zu laufen, ist durchaus sinnvoll. Mit anderen Ängsten kann man umgehen lernen. Helfen Sie Ihrem Kind dabei.

HAND AUFS HERZ

> Halten Sie sich immer an Abmachungen? Beweisen Sie Ihrem Kind immer wieder überzeugend Ihre Verlässlichkeit?

> Auch Sie können Ihre Angstgefühle nicht mit einem Schalter ausknipsen – verlangen Sie es nicht von Ihrem Kind.

An den folgenden Anzeichen können Sie erkennen, dass Ihr Kind Angst vor etwas hat:

> Die positive Grundstimmung Ihres Kindes ist plötzlich verschwunden.
> Ihr Kind klagt über Beschwerden wie Bauchweh, Kopfschmerzen und/oder Übelkeit.
> Es reagiert häufig aggressiv. Dies kann ein Zeichen von Unsicherheit sein.
> Ihr Kind nässt plötzlich wieder ein, hat Schlafstörungen, stottert, lehnt es ab, mit anderen Kindern zu spielen.

Mit Ängsten umgehen

> Kinder unter fünf Jahren können Angst noch nicht begreifen. Es nützt deshalb gar nichts, wenn Sie immer wieder beteuern: »Du brauchst keine Angst zu haben, ich bin ganz sicher da, wenn die Kirchturmuhr schlägt.« Sie müssen Ihrem Kind das zuverlässig beweisen – also handeln statt reden.
> Gehen Sie stets auf die Ängste Ihres Kindes ein. Fragen Sie nach und versuchen Sie gemeinsam, die Ursachen für die Angst herauszufinden.
> Machen Sie sich niemals über die Ängste Ihres Kindes lustig. Sparen Sie sich außerdem abwertende Bemerkungen wie »Sei nicht albern, es gibt keine Monster!« oder »Was soll denn schon groß passieren?«.
> Machen Sie deutlich, dass auch Sie Ängste kennen. Erzählen Sie Ihrem Kind von konkreten Situationen, in denen Sie Angst hatten – und davon, wie Sie damit fertig geworden sind.

Die Angst besiegen

> Reden Sie Ihrem Kind die Angst nicht aus. Bieten Sie ihm stattdessen Hilfe bei der Bewältigung an. So könnte bei Angst vor Dunkelheit die Abmachung helfen: »Wir können die Tür zu deinem Zimmer offen lassen, dann musst du keine Angst vor Monstern haben.«
> Treffen Sie mit Ihrem Kind klare Absprachen: »Falls du wieder Angst bekommst, kannst du zu mir kommen!«

LESEN SIE AUCH:

> Bettnässen, Seite 31
> Kindergartenstart, Seite 58
> Klammern, Seite 60
> Schlafengehen, Seite 85
> Schüchternheit, Seite 93
> Verhaltensauffällig, Seite 117

Aufräumen: Immer dieses Chaos!

Jeden Tag das Gleiche: Im Kinderzimmer sieht es aus, als hätte eine Bombe eingeschlagen. Muss das sein? Die meisten Kinder räumen einfach nicht gern auf. Das ist nicht weiter verwunderlich – denn wer mag das schon? Außerdem ist Ordnung ein Begriff, der von jedem Menschen anders interpretiert wird, sicher auch in Ihrer Familie. Gerade kleine Kinder benötigen jedoch eine gewisse Ordnung und Übersichtlichkeit, um sich zu orientieren.

Kompromisse muss es dort geben, wo Ordnungsvorschriften das kindliche Spiel massiv beeinträchtigen: Wer gerade eine fantastische Landschaft aus Bausteinen errichtet, kann nicht alles wieder zerstören, nur weil es Essen gibt. Überlegen Sie deshalb bei großen Spielprojekten schon vorher, wo das Bauwerk oder das große Gemälde für eine Weile bleiben kann.

Ihr Kind sollte aber auch lernen, Ihren eigenen Anspruch auf Ordnung zu respektieren: Im Wohnzimmer dürfen die Großen bestimmen, wie es aussieht.

TIPP: Ordnung innen und außen

Wer in seinem Lebensumfeld Ordnung halten kann, schafft es später auch, die Gedanken im Kopf zu sortieren. Trainieren Sie deshalb das Aufräumen mit Ihrem Kind.

Das Chaos in den Griff bekommen

- Alles, was benutzt wurde, wird wieder an seinen Platz gebracht. Und das gilt für jedes Familienmitglied.
- Gewöhnen Sie Ihr Kind frühzeitig daran, dass täglich zu einer bestimmten Zeit aufgeräumt wird, etwa jeden Abend.
- Achten Sie darauf, dass Sie nicht ständig hinter allen herräumen. Mütter sind nicht die Familienaufräumer vom Dienst!
- Sinnvoll ist ein Chaos-Freiraum, der für elterliche Einmischung tabu ist. Das kann eine Ecke im Kinderzimmer sein, ein Holzhäuschen im Garten oder eine Nische auf dem Dachboden.

Aufräumen ohne Stress

- Aufräumen wird leichter, wenn Sie daraus einen Spaß machen: Räumen Sie gemeinsam mit Ihrem Kind auf. Schaffen Sie große, bunte Kisten an, in die jeweils all das kommt, was zusammengehört: Autos, Puppengeschirr, Bausteine und alles andere. Bringen Sie Ordnung in Wohnzimmer oder Küche, während Ihr Kind das Kinderzimmer aufräumt: Wer ist zuerst fertig?
- Entwickeln Sie eine Perspektive: »Wenn du aufgeräumt hast, dann haben wir noch Zeit für ...«
- Nennen Sie Ihrem Kind klar Ihre Erwartungen. Kündigen Sie die Konsequenzen an, falls diese nicht erfüllt werden: »Wenn du dein Zimmer jetzt nicht aufräumst, haben wir nachher keine Zeit mehr, uns zusammen das Buch anzuschauen.«
- Bleiben Sie konsequent. Lassen Sie sich nicht auf einen Handel ein, der Ihrem Kind zeigt: »So ernst meinen die es gar nicht!«

Tipps für den »Ernstfall«

- Erklären Sie Ihrem Kind, wie es Ihnen geht, wenn Sie auf taube Ohren stoßen: »Ich werde ganz wütend, wenn ich alles dreimal sagen muss. Dazu habe ich keine Lust.«
- Betteln Sie Ihrem Kind nicht hinterher. Zur Not sagen Sie, dass Sie eine Kiste oder einen Sack holen, alles, was herumliegt, dort hineinräumen und für ein paar Tage in den Keller oder auf den Dachboden bringen. Wahrscheinlich fängt Ihr Kind schnell an, aufzuräumen. Falls nicht, sollten Sie die Aktion unbedingt durchziehen. Sie müssen es sicher nur einmal tun ...

LESEN SIE AUCH:

- Egotrip, Seite 38
- Einzelkinder, Seite 42
- Hilfe im Haushalt, Seite 54
- Machtkämpfe, Seite 74
- Tyrannen, Seite 108

Autofahrten: Zoff auf dem Rücksitz

»**Wann sind wir endlich da?**« Meist schallt diese Frage wenige Minuten nach der Abfahrt durch den Wagen. Sofort leuchten beim Fahrer alle Alarmlampen auf: Jetzt beginnt wieder das Generve auf dem Rücksitz. Stundenlang angeschnallt still sitzen müssen – für Kinder eine Qual. Aber nicht immer lässt es sich vermeiden. Mit ein paar Tricks können Sie es jedoch erträglicher gestalten.

Nur keinen Fahrstress aufkommen lassen

- Erklären Sie Ihrem Kind, wohin die Fahrt geht, so kann es sich darauf einstellen. Zum Supermarkt dauert es nur Minuten. Wer ans Meer will, muss einen ganzen Tag lang fahren.
- Planen Sie bei langen Touren ausgiebige Pausen ein. Etwas essen und sich im Freien bewegen – das tut allen gut.
- Nutzen Sie bei kleinen Kindern gezielt Schlafzeiten.
- Sorgen Sie für Proviant und Spielreserven: Essen, gefüllte Trinkflaschen und eine Spieltasche gehören dazu. Größere Kinder dürfen selbst bestimmen, was sie dabeihaben möchten.
- Nehmen Sie Hörbücher auf CD mit. Auch wenn Sie die Geschichte mit dem Elefanten schon auswendig kennen, Ihrem Kind verkürzt sie die Fahrt. Auch toll: Musik zum Mitsingen.
- Kopieren Sie Vorlagen für Mandalas zum Ausmalen – nichts für holprige Strecken, aber wunderbar für Autobahnfahrten.

Tipp für den »Ernstfall«

- Halten Sie an, wenn die Kinder zu laut werden. Sagen Sie, dass Sie sich zum Autofahren konzentrieren müssen – und Ruhe brauchen. Fahren Sie erst weiter, wenn wieder Ruhe herrscht.

LESEN SIE AUCH:

- Bewegungsmangel, Seite 33
- Langeweile, Seite 66
- Quengeln, Seite 82
- Die Anregungen im beiliegenden Folder

Bettnässen: Keine Nacht trocken?

Es kommt öfter vor, als viele Eltern denken: Da war das Kind schon völlig trocken – und plötzlich nässt es regelmäßig wieder ein. Nicht besonders schön, aber auch nicht unbedingt dramatisch. Oft ist das Problem nur vorübergehend.

Im Alter zwischen zwei und vier Jahren beginnt Ihr Kind, trocken zu werden. Dabei kann es immer mal Rückschläge geben. Manchmal steckt eine körperliche Ursache dahinter, zum Beispiel eine Blasenentzündung. Das kann der Kinderarzt recht einfach feststellen. Aber auch seelische Probleme können der Grund für erneutes Einnässen sein (siehe unten). Überlegen Sie genau, ob eine dieser Ursachen auf Ihr Kind zutreffen könnte.

Liegen die Gründe für Sie nicht auf der Hand, scheuen Sie sich nicht, eine Beratungsstelle aufzusuchen. Doch wahrscheinlich schaffen Sie es, das Problem ohne fremde Hilfe zu bewältigen. Mögliche seelische Ursachen für Einnässen:

> Könnte sich Ihr Kind vielleicht vernachlässigt fühlen? Bekommt es nicht genug Zuwendung oder Aufmerksamkeit?
> Fühlt es sich zurückgesetzt, weil ein neues Baby gekommen ist?
> Fühlt es sich überfordert, weil Sie zu hohe Erwartungen haben?
> Hat es Ängste? Gab es größere Veränderungen im Alltag oder stehen welche an (etwa ein Umzug)?
> Verhalten Sie selbst oder Ihr Partner sich häufig autoritär?

EINNÄSSEN: EIN HILFERUF

Ihr Kind nässt auf keinen Fall absichtlich ein! Meist befindet es sich in einem Teufelskreis, denn es glaubt, die Eltern mit dem Einnässen sehr zu enttäuschen, und es nässt vor lauter Angst immer wieder ein. Es ist aber noch viel zu jung, um diesen Zusammenhang zu begreifen und willentlich abzustellen. Das Einnässen signalisiert: »Ich brauche jetzt ganz besonders eure Hilfe«.

HAND AUFS HERZ

- Nehmen Sie sich genug Zeit für Ihr Kind?
- Zeigen Sie Ihrem Kind immer wieder deutlich – in Worten und Gesten – wie sehr Sie es lieben?
- Freuen Sie sich über Fortschritte und loben Sie Ihr Kind, statt dauernd seine Fehler zu thematisieren?
- Nehmen Sie in schwierigen Situationen entlastende Gesprächsangebote von Freunden und Verwandten an? Manchmal hilft allein schon ein Erfahrungsaustausch.

So helfen Sie Ihrem Kind

- Prüfen Sie, welche Ursache das Einnässen Ihres Kindes haben könnte. Bedrückt Ihr Kind irgendetwas? Ist es möglicherweise überfordert? Versuchen Sie, die Umstände zu ermitteln und abzustellen, die zum Einnässen geführt haben. Und geben Sie dem Kind eine Extraportion Zuwendung.
- Haben Sie gerade ein Baby bekommen (siehe auch Seite 40)? Beziehen Sie Ihr älteres Kind in die Babypflege mit ein und widmen Sie ihm genug Zeit. Nehmen Sie Rückschritte Ihres großen Kindes in Kauf, wie etwa das Einnässen. Es wird sicher bald wieder aufhören. Gönnen Sie Ihrem großen Kind ruhig diese zweite Babyphase.
- Achten Sie darauf, dass Ihr Kind regelmäßig, vor allem vor der Nachtruhe, zur Toilette geht.
- Falls das Ihr Kind nicht überfordert, wecken Sie es in der Nacht noch einmal, damit es seine Blase entleeren kann. Denn auch Ihr Kind leidet unter dem Einnässen.
- Ist Ihr Kind trocken geblieben, loben Sie es. Freuen Sie sich zusammen über den Erfolg.
- Nehmen Sie Ihr Kind, besonders nachdem es eingenässt hat, in den Arm und sagen Sie ihm: »Ich habe dich sehr lieb, daran ändert sich auch nichts, wenn das Bett oder die Hose nass ist. Wir bringen das gemeinsam in Ordnung, und irgendwann hast du es dann geschafft und bist trocken.«

LESEN SIE AUCH:

› Angst, Seite 26
› Eifersucht, Seite 40
› Geschwister, Seite 50
› Schlafengehen, Seite 85

Bewegungsmangel: Runter vom Sofa!

Sie sitzen stundenlang vor dem Fernseher und dem Computer, werden mit dem Auto zum Kindergarten gefahren und spielen dort brav am Tisch. Im Kinderzimmer zu Hause können sie nur sehr begrenzt mit Gleichaltrigen spielen und toben. Und auch auf der Straße geht das meist nicht. Der Aktionsradius vieler Kinder ist heute sehr klein. Der Alltag bietet kaum Möglichkeiten zum Laufen, Klettern und Hüpfen.

Kein Wunder, dass Haltungsschäden, Herz-Kreislauf-Probleme, Wahrnehmungsstörungen, Hyperaktivität, Übergewicht und Konzentrationsschwäche bei unseren Kindern immer mehr um sich greifen. Das hat ernste Auswirkungen.

Denn Bewegungshandlungen sind immer auch mit emotionalen, sozialen und kognitiven Aktivitäten verknüpft. Ein Mangel an Bewegung führt häufig dazu, dass Kinder sich nicht an die Anforderungen ihrer Umwelt anpassen können – eine häufige Ursache für Verhaltensprobleme.

Bewegung macht kleine Leute unabhängiger von Erwachsenen. Durch Bewegung lernen sie, sich und ihre Welt zu beherrschen. Ein gesundes Kind verfügt von Geburt an über den Drang, sich zu bewegen. Es kommt als unternehmungslustiges, neugieriges und aktives Wesen zur Welt. Ständig strebt es danach, sein Können zu erweitern, weil es unabhängig werden möchte. Durch

GU-ERFOLGSTIPP

DURCH WALD UND WIESE

Schon Dreijährige können eineinhalb Stunden am Stück wandern – sie ermüden nur, wenn den Sinnen nichts mehr geboten wird. Im Wald gibt es viel zu entdecken, von den Krabbeltieren unter der Borke bis zu den Vögeln in der Luft. Bäche laden zum Staudammbau ein, gefällte Baumstämme zum Klettern, Balancieren und Rasten. Der Zauber und die Kräfte der Natur ermöglichen Kindern Genusserfahrungen und stärken ihre Widerstandskräfte.

LESEN SIE AUCH:
› Autofahrten, Seite 30
› Computer & Co., Seite 35
› Fernsehen, Seite 46
› Konzentrationsmangel, Seite 64
› Unruhe, Seite 114
› Verhaltensauffällig, Seite 117

Bewegung erfährt das Kind etwas über sich selbst – über seine Fähigkeiten und seine Grenzen.

Körperliche Aktivität sagt Kindern auch etwas über ihre eigene Leistungsfähigkeit. Sie erfahren: Ich kann schnell laufen. Oder: Wenn ich ganz achtsam bin, kann ich sicher klettern. Und: Julia ist stärker als ich, aber ich kann viel länger rennen als sie.

Bewegung tut aber nicht nur der Gesundheit gut. Sie bringt auch die Gehirnzellen auf Trab. Wenn Kinder nicht nur an speziell für sie ausgewiesenen und hergerichteten Plätzen spielen (Spielplatz, Verein, Musikgruppe ...), machen sie außerdem alters- und generationenübergreifende Erfahrungen. Setzen Sie Ihren Sprössling deshalb in Bewegung – jeden Tag. Übrigens: Für Kinder gibt es kein schlechtes Wetter, nur ungeeignete Kleidung. Und die Aktivität ist das Fundament für die kindlichen Widerstandskräfte.

Kinder, die wenig Bewegungserfahrungen machen oder immer wieder Misserfolge erleben, werden zu richtigen Bewegungsmuffeln. Eines Tages glauben sie von sich selbst, unsportlich zu sein – und unternehmen schon deshalb keinerlei Anstrengung mehr. Sie entwickeln, wie Experten sagen, ein negatives Selbstkonzept.

Mehr Bewegung in Ihrem Alltag

- Lassen Sie Ihren Sprössling einmal in der Woche (am besten im Verein) Sport treiben: Schwimmen, Judo oder Reiten sind schon bei kleinen Kindern beliebt und fördern außerdem das Selbstbewusstsein.
- Schaffen Sie einmal in der Woche ein erlebnisreiches Bewegungsangebot für die Familie: Machen Sie einen spannenden Waldspaziergang, nutzen Sie den Trimmpfad, laden Sie Ihr Kind zu einer Paddeltour ein oder in den Zoo.
- Seien Sie Ihrem Kind ein aktives Vorbild. Fahren Sie zusammen Fahrrad, laufen Sie, spielen Sie Ball, turnen Sie gemeinsam. Das macht allen Spaß.
- Loben Sie Ihr Kind für körperliche Aktivität. Regen Sie es an, sich draußen auszutoben, wenn es mal schlecht drauf ist.
- Schaffen Sie Ihrem Kind Bewegungsmöglichkeiten. Eine Schaukel können Sie sogar drinnen im Türrahmen anbringen!

Computer & Co.: Öfter mal abschalten

Neben Fernsehen, DVD und Video sind Computer aus unserem Alltag nicht mehr wegzudenken. Es ist faszinierend zu beobachten, wie geschickt und selbstverständlich sich schon Knirpse durch digitale Welten klicken. Doch viele Eltern sind unsicher, ob sie schon ihrem Vorschulkind Experimente am Computer gestatten sollen.

Fest steht, dass Kinder, die von klein auf Zugang zu Computern haben, ganz spielerisch den Umgang mit moderner Technologie erlernen – das haben Projekte in Kindergärten gezeigt. Erwiesen ist auch, dass qualitativ hochwertige Computerspiele Reaktionsvermögen, Kombinationsfähigkeit, Konzentration, Ausdauer, Geschicklichkeit und Kreativität fördern können. Solche Software gibt es aber nur für »echte« PCs. Spielkonsolen für den Fernseher sind lediglich ein Zeitvertreib – ähnlich wie Gameboys.

Auch bunte Kinder-Lerncomputer bringen nicht viel. Sie sind zwar auf den ersten Blick kostengünstiger, werden aber schnell langweilig, und dann muss die größere Version her. Investieren Sie besser gleich in einen »richtigen« Computer – es muss ja keine Luxusversion sein. Oder lassen Sie Ihr Kind den Familiencomputer mitbenutzen. Davon hat es auch langfristig mehr, da es so Kenntnisse im Umgang mit dem PC erwirbt.

TIPP: Internet für Kids und Eltern

- www.blinde-kuh.de, Suchmaschine, Kinderpost
- www.kika.de; Kinderkanal-Homepage: Programm- und Hintergrundinfos, Wettbewerbe und mehr
- www.kinderwelt.org; Infos und Spiele zu Gesundheit und Umwelt
- www.geo.de/GEOlino; Umwelt, Natur, Technik
- www.kinderlexikon.de; Wissenswertes von Kids für Kids
- www.internet-abc.de/kinder; www.internet-abc.de/eltern; Seiten zum Einsteigen – für Kinder und Eltern
- Infos für Eltern unter www.schau-hin.info und www.jugendschutz.net

Digitale Welten gemeinsam entdecken

Viel wichtiger als der Computer selbst ist für Ihr Kind jedoch Ihre Unterstützung bei den ersten Schritten ins digitale Wunderland. Denn Vorschulkinder brauchen dabei dringend Eltern, die sie begleiten und ihnen helfen. Und natürlich brauchen sie klare Regeln und zeitliche Grenzen: Nur so lernen Kinder den verantwortungsvollen Umgang mit der Technik – und Sie verhindern damit, dass die PC-Maus zum liebsten und womöglich einzigen Spielgefährten Ihres Kindes wird.

Das ist wichtig beim Umgang mit dem Computer

- Lassen Sie Ihr Kind anfangs auf keinen Fall allein. Erklären Sie, geben Sie Hilfestellung.
- Begrenzen Sie die Zeit vor dem Bildschirm. Vorschulkinder sollten nicht länger als eine halbe Stunde täglich vor dem Bildschirm sitzen, Sechs- und Siebenjährige höchstens eine Stunde. **Wichtig:** Rechnen Sie dabei auch die Fernsehzeiten mit.
- Sorgen Sie für körperlichen Ausgleich: Ihr Kind sollte sich täglich wenigstens ebenso lange bewegen – am besten an der frischen Luft -, wie es vor dem Bildschirm sitzt. Und auch andere Spiele, Verabredungen mit anderen Kindern und Unternehmungen mit der Familie dürfen nicht zu kurz kommen.

Die richtige Auswahl treffen

- Nehmen Sie die Software unter die Lupe: Kaufen Sie nur gute Lernprogramme. Schön für Vorschulkinder ist Software, die mit spaßigen Spielen Wissen vermittelt. Da wird gemalt, konstruiert – und ganz nebenbei viel gelernt. Lassen Sie sich im Fachhandel beraten, laden Sie sich Demo-Versionen aus dem Internet herunter und tauschen Sie auch mit anderen Eltern.
- Spielen Sie ab und an mit. Ihre Kinder und Sie werden Spaß daran haben, zusammen am Computer zu »arbeiten«. Das ist viel besser als passives Fernsehgucken!
- Wenn Ihr Kind fünf oder sechs Jahre alt ist, können Sie mit ihm auch im Internet surfen (siehe auch die Tipps auf Seite 35). Lassen Sie Ihr Kind aber auf keinen Fall allein ins Netz.

LESEN SIE AUCH:
› Entspannung, Seite 44
› Fernsehen, Seite 46

Draufgänger: »Süchtig« nach Gefahr

Er klettert auf wackelnde Geländer, schaukelt im Stehen, ohne sich festzuhalten, saust mit dem Fahrrad steile Abhänge hinunter: Oliver (fünf Jahre) ist ein Draufgänger, der weder Gefahr noch Angst kennt. Beulen und aufgeschürfte Knie vergisst er im Nu.

Der Grund für das waghalsige Verhalten kann eine gestörte Sinneswahrnehmung des Kindes sein, das Schmerz weniger stark als andere empfindet. Es liegt aber auch in der kindlichen Natur, Grenzen auszutesten, um eigene Schwächen und Stärken einschätzen zu lernen. Für Sie als Eltern ist das sicher nicht leicht. Doch Ihr Kind in Watte zu packen ist keine Lösung, denn irgendwann würde es sich das nicht mehr gefallen lassen.

Grenzen setzen, Freiheit lassen

- Sorgen Sie konsequent dafür, dass klar formulierte Grenzen beachtet werden: »Du rollerst nur auf dem Hof, nicht weiter!«
- Verschieben Sie die Grenzen nach und nach. Je mehr Ihr Kind lernt, desto größer darf der Aktionsradius sein.
- Trainieren Sie das Verhalten in Gefahrensituationen, geben Sie Ihrem Kind Sicherheitsregeln: »Nicht die Rutschen hochlaufen« oder »Am Straßenrand immer anhalten«. Auch wichtig: Hinfallen und Abrollen üben.
- Sorgen Sie für »dosierte« Gefahren. Wald, Teiche, Flüsse und das Meer, Abenteuer- und Wasserspielplätze bieten Herausforderung und Nervenkitzel. Auch gut: Turn- und Sportgruppen.
- Vermitteln Sie Ihrem Sprössling eine Vorstellung von seinem Körper. Zeichnen Sie zum Beispiel seine Umrisse auf einem großen Papier nach. Jetzt kann Ihr Kind sein Abbild ausmalen.

TIPP: Energie im Lot
Sorgen Sie für die Möglichkeit zum Auspowern – und für Pausen. Lassen Sie Ihr Kind kräftig schaukeln, laufen, hüpfen, seilspringen. Stoppen Sie es dann für einen Moment, in dem es zur Ruhe kommt. So kann das Gehirn die starken Reize besser verarbeiten.

LESEN SIE AUCH:
› Bewegungsmangel, Seite 33
› Verhaltensauffällig, Seite 117

Egotrip: Alles meins!

Zum Mittagessen will Simon (vier Jahre) jeden Tag Nudeln mit Ketchup. Beim Einkauf verlangt er stets ein Schokoladenei. Bekommt er seinen Willen nicht, brüllt er so lange, bis die Eltern gehorchen. Simon ist auf dem Egotrip und hat Mama und Papa schon erfolgreich erzogen. Vielleicht ist er ein verwöhntes Kind, dessen Eltern eigene, unerfüllte Wünsche nun dem Sohn erfüllen. Oder sie haben es nur versäumt, ihrem kleinen Prinzen rechtzeitig Grenzen zu setzen. Vielleicht war Simon auch lange krank? Wie auch immer: Früh hat er begriffen, dass er nur mit dem Finger schnipsen muss, damit die Eltern alle Wünsche erfüllen.

Bei Kindern wie Simon stimmen Denken, Fühlen und Wollen nicht überein. Sie haben noch nicht erkannt, dass sie selbst nicht der Nabel der Welt sind, sondern Teil einer Gruppe, der Familie, des Freundeskreises. Und das Leben in einer Gruppe erfordert eine gewisse Anpassung – und Rücksichtnahme auf andere.

Im Alter zwischen drei und vier Jahren lernen Kinder langsam, sich in kleine Gruppen einzufügen und auch mal für andere zurückzustecken. Der kleine Mensch entwickelt sich vom egoistischen Baby zum sozialen Kleinkind. Die meisten Kinder, die auf Egotrip gehen, machen nur eine Phase der Selbstfindung durch. Spielkameraden und das Vorbild der eigenen Familie holen sie schnell auf den Teppich zurück.

Kinder, deren Selbstwertgefühl angeknackst ist, überspielen dies oft durch ihren nachdrücklich ausgelebten Egoismus. Sie sind zu Hause häufig in der Verliererrolle, erleben sich in vielen Bereichen als Versager. Sie suchen nach Möglichkeiten, anderen zu imponieren, und tragen bei Unterlegenen ihre Macht zur Schau.

HAND AUFS HERZ

Neigt jemand in Ihrer Familie zum Kommandieren? Dürfen Schwächen gezeigt werden? Oder müssen alle funktionieren? Kennt Ihr Kind das Wort »Nein«? Oder geben Sie schnell auf, wenn es brüllt?

So lernt Ihr Kind Rücksicht zu nehmen

> Stärken Sie das Selbstwertgefühl Ihres Kindes.
> Vermeiden Sie einen autoritären Erziehungsstil, werden Sie zum demokratischen Vorbild. Zeigen Sie Ihrem Kind im Alltag immer wieder, wie man teilt und Rücksicht nimmt.
> Machen Sie Ihrem Kind klar, dass jeder ab und zu einmal schwach sein darf. Zeigen auch Sie Schwächen.
> Setzen Sie früh Grenzen: Es können nicht alle Wünsche erfüllt werden. Geben und Nehmen sollten sich die Waage halten.
> Vermitteln Sie Ihrem Kind eine positive Streitkultur. Besprechen Sie Konflikte offen innerhalb der Familie. So lernen kleine Leute, dass bei Diskussionen alle gewinnen können.
> Heben Sie die Stärken Ihres Kindes hervor. Sorgen Sie dafür, dass niemand in der Familie es herabsetzt, aber auch nicht in eventuellen negativen Verhaltensweisen bestärkt.

Machtkämpfe vermeiden

> Lassen Sie sich nicht auf Machtkämpfe ein. Besprechen Sie in Ruhe mit Ihrem Sprössling, was machbar ist und wo Sie nicht mit seinem Verhalten einverstanden sind. Zeigt sich Ihr Kind uneinsichtig, lassen Sie es einfach stehen.
> Ignorieren Sie Ihr Kind grundsätzlich total, wenn es schreit, aggressiv reagiert oder herumkommandiert.

LESEN SIE AUCH:

> Einzelkinder, Seite 42
> Konsumrausch, Seite 62
> Machtkämpfe, Seite 74
> Tyrannen, Seite 108

Eifersucht: Hab mich lieb!

Wer Angst hat, die Liebe eines Menschen zu verlieren, reagiert mit Eifersucht. Lina zum Beispiel hat einen kleinen Bruder bekommen. Bisher stand Lina im Mittelpunkt der Familie. Den kleinen Bruder empfindet sie als echte Bedrohung. Antons Mutter geht seit ein paar Wochen wieder arbeiten, und Neles Mutter hat einen neuen Freund. Lauter Gründe, eifersüchtig zu sein.

Verschiedene Signale können auf Eifersucht hindeuten und sind als Hilferufe zu verstehen:

- Das Kind greift den vermeintlichen Rivalen offen an: kneift den kleinen Bruder, tritt Mamas neuem Freund ans Schienbein.
- Es richtet seinen Zorn gegen die Person, deren Liebe es zu verlieren glaubt. Oder tut, als sei die Bedrohung gar nicht vorhanden, etwa indem es den neuen Partner der Mutter ignoriert.
- Das Kind fällt in frühere Entwicklungsstufen zurück: Es nässt wieder ein, obwohl es schon trocken war. Es will wieder einen Schnuller haben oder mit im Elternbett schlafen.

Zwischen dem 18. Lebensmonat und dem dritten Lebensjahr kommt es entwicklungsbedingt sehr häufig zu Eifersuchtsreaktionen. In dieser sensiblen Phase hat das Kind noch eine enge Bindung an seine Bezugsperson, meist die Mutter.

Der Kindergartenstart oder die Betreuung durch eine fremde Person sind in dieser Zeit viel schwieriger zu bewältigen als vor dem 18. Lebensmonat. Hier müssen Sie als Eltern ganz besonders feinfühlig und behutsam vorgehen.

Erst im Laufe des dritten Lebensjahres beginnt das Kind, sich allmählich Schritt für Schritt von seiner Bezugsperson zu lösen. Es öffnet sich für andere Personen.

Die Eifersucht besänftigen

Schenken Sie Ihrem Kind jetzt besonders viel Zuwendung und helfen Sie ihm damit, sich schrittweise von Ihnen zu lösen. Gehen Sie wenn irgend möglich so lange mit in den Kindergarten, bis sich Ihr Kind dort absolut sicher fühlt. Laden Sie die neue Kinderfrau mehrmals zu Besuch ein, bevor sie mit Ihrem Kind allein bleibt. Geben Sie Ihrem Kind die Zeit, die es braucht.

> Beziehen Sie Ihr Kind mit ein, wenn Sie sich um ein anderes Familienmitglied kümmern, etwa beim Wickeln und bei der Pflege des neuen Geschwisterchens.
> Appellieren Sie an die Hilfsbereitschaft Ihres Kindes: »Ich bin stolz darauf, dass du schon so gut mit anpacken kannst.« Aber nutzen Sie seine Hilfsbereitschaft nicht aus.
> Bei Eifersucht auf einen neuen Partner: Widmen Sie Ihrem Kind mehr Zeit als sonst und erklären Sie ihm, dass die Liebe zu einem anderen Erwachsenen etwas ganz anderes ist als die zum Kind. Bitten Sie auch Ihren Partner – oder Ihre Partnerin – um viel Geduld. Achten Sie darauf, dass er oder sie nicht Elternersatz spielt, ohne dass Ihr Kind das von sich aus möchte. Wenn Ihr Kind merkt, dass Ihre Liebe zu ihm durch die neue Partnerschaft eher stärker wird, lässt auch die Eifersucht nach.

Liebe gibt Sicherheit

> Ihr Kind benötigt jetzt besonders viel Zuwendung. Gehen Sie auf dieses Bedürfnis ein.
> Sagen Sie ihm, unabhängig von seinem Verhalten und seinen Leistungen, immer wieder mal, dass Sie es lieb haben.
> Würdigen Sie die besonderen Fähigkeiten Ihres Kindes.
> Schenken Sie dem eifersüchtigen Kind Extrazeit. Spielen Sie mit ihm, wenn das Baby schläft. Unternehmen Sie mit ihm allein etwas. Gehen Sie ins Kino, Eis essen oder spazieren.
> Erklären Sie Ihrem Kind die Situation. Besprechen Sie mit ihm, was Sie tun können, damit es nicht eifersüchtig sein muss.
> Vergleichen Sie Ihren Sprössling bitte nie mit seinen Geschwistern oder mit anderen Kindern. Jedes Kind ist anders, und Vergleiche hinken immer.

LESEN SIE AUCH:

> Angst, Seite 26
> Geschwister, Seite 50
> Klammern, Seite 60
> Trennung der Eltern, Seite 102

Einzelkinder: Verzogen und einsam?

Es gibt immer mehr Kinder, die ohne Geschwister aufwachsen. Häufig wird angenommen, dass Einzelkinder automatisch verzogen und altklug seien. Würde das stimmen, wäre China voll von Egoisten! Eine Langzeitstudie aus England bestätigt: Es gibt keine Hinweise darauf, dass Einzelkinder zu Verhaltensschwierigkeiten neigen, psychische oder emotionale Störungen aufweisen.

Natürlich spielt es eine Rolle, ob jemand allein oder mit Geschwistern aufwächst. Einzelkinder orientieren sich zum Beispiel eher an Erwachsenen. Wie ein Einzelkind sich entwickelt, hängt ganz wesentlich von der Bindung zu den Eltern ab. Entscheidend sind außerdem die sozialen Kontakte zu anderen Kindern.

WIE LEBT ES SICH ALS EINZELKIND?

In folgenden Bereichen haben Einzelkinder die Nase vorn:

- Sie entwickeln sich oft sprachlich und geistig schneller und besser, weil sie die ungeteilte Aufmerksamkeit ihrer Eltern haben.
- Häufig sind sie offener und kontaktfreudiger, weil sie darauf angewiesen sind, Kontakte zu anderen Kindern zu knüpfen.
- Viele sind in der Schule erfolgreicher, denn ihre Eltern unterstützen sie meist intensiv in ihren Leistungen.

Mögliche Einschränkungen für ein Einzelkind:

- Einzelkindern bieten sich in der Regel weniger Spiel- und Bewegungserfahrungen mit anderen Kindern, sprich Geschwistern.
- Gerade durch die ungeteilte Aufmerksamkeit der Erwachsenen können sie sich zum »Prinzen« oder zur »Prinzessin« entwickeln.
- Sie lernen weniger, (mit Geschwistern) um Positionen zu kämpfen.
- Viele haben weniger Familiensinn, weil sie elterlicher (Über-)Fürsorge früh entfliehen.

So fördern Sie Ihr Einzelkind

- Sorgen Sie dafür, dass Ihr Sprössling schon früh viel mit anderen Kindern spielen kann.
- Achten Sie darauf, dass Sie Ihr Kind nicht überfordern. Es muss Kind sein dürfen – nicht Ersatzpartner oder »Kumpel«, mit dem Sie Ihre Lebensprobleme besprechen.

Selbstständigkeit im Alltag

- Machen Sie Ihr Kind nicht zum Familienmittelpunkt. Es muss lernen, sich in Gruppen einzufügen.
- Bemuttern Sie Ihr Kind nicht zu stark. Sonst fällt es ihm schwerer, selbstständig zu werden.
- Springen Sie nicht unaufgefordert helfend ein, sondern geben Sie Ihrem Kind Zeit und Gelegenheit, viele Dinge selbst zu erledigen. Ermutigen Sie Ihr Kind, es erst einmal allein zu versuchen. So fördern Sie seine Unabhängigkeit.
- Erweitern Sie schrittweise den Aktionsradius, in dem Ihr Kind sich ohne Sie aufhalten kann, etwa so: »Bleib eine Weile allein hier im Sandkasten. Ich muss schnell etwas besorgen.« Oder: »Kannst du eben zum Bäcker gehen und vier Brötchen kaufen?«
- Lassen Sie los! Einzelkinder haben eine besonders starke Bindung an ihre Bezugsperson. Ihr Kind kann nur selbstständig werden, wenn Sie es loslassen! Dabei helfen Spiele und Übungen.

Rollentauschspiele: Ich bin du

- Mama muss zur Arbeit. Allein mag sie aber nicht: Anna soll mitgehen. Wie kann Anna die Mama ermutigen loszugehen?
- Mama ist schrecklich müde und möchte schlafen. Anna soll sich mit hinlegen. Das findet die gar nicht gut: Sie ist ja nicht müde! Wie überzeugt Anna Mama, dass sie allein schlafen kann?
- Anna will mit Freunden spielen. Mama will immer dabei sein. Aber manches wollen die Kinder lieber ohne Erwachsene tun. Wie kann man Mama vom Mitspielen abhalten?

LESEN SIE AUCH:

> Egotrip, Seite 38
> Klammern, Seite 60
> Konsumrausch, Seite 62
> Machtkämpfe, Seite 74
> Schüchternheit, Seite 93
> Unselbstständigkeit, Seite 116

Entspannung: Zur Ruhe kommen

Alltagshektik, Reizüberflutung und zunehmender Leistungsdruck – schon Kindergartenkinder sind heute oftmals hohen Belastungen ausgesetzt. Gut, dass kleine Leute von Natur aus eine eingebaute Stressbremse haben: Wird ihnen etwas zu viel, schalten sie ab. Sie ziehen sich zurück und nehmen sich eine Mini-Auszeit und sind danach wieder topfit für neue Abenteuer. Problematisch wird es, wenn sie keine Gelegenheit dazu haben: Wer sich schon in jungen Jahren pausenlos abstrampeln muss und keine freie, unverplante Zeit mehr hat, verliert irgendwann sein Frühwarnsystem für übermäßige Anspannung. Bereits über 60 Prozent der Kinder und Jugendlichen klagen laut Studien über Erschöpfung und Stress. Schlechte Laune, Schulprobleme, überdrehtes oder aggressives Verhalten sind die Folgen, sowie im schlimmsten Fall Schlaf- und Konzentrationsstörungen, Kopf- und Magenschmerzen.

In unserer schnelllebigen Welt werden die Anforderungen künftig noch wachsen. Ihr Sohn, Ihre Tochter sollte von klein auf lernen, Stress im Leben auszugleichen, um gelassen und ruhig auf die Herausforderungen des Alltags reagieren zu können. So kann Ihr Kind sich auf Dauer einen Schutzschild zulegen, der es robust und widerstandsfähig gegen äußeren Druck und Hektik macht.

LESEN SIE AUCH:
> Bewegungsmangel, Seite 33
> Unruhe, Seite 114
> Langeweile, Seite 66
> Schule, Seite 94

Balance von Be- und Entlastung

> Entschleunigen Sie Ihr Familienleben und gönnen Sie sich selbst und Ihrem Kind genug Freizeit. Wirklich freie Zeit ohne Beschäftigungszwang, eine Auszeit zum Nichtstun, Dösen, Träumen, ohne dass ständig jemand fragt: »Was machst du gerade?«

- Geben Sie Ihrem Sprössling möglichst oft die Chance, sich aus dem Alltagschaos zurückzuziehen, allein zu sein und daraus neue Kraft zu schöpfen. Er soll lernen, dass es völlig in Ordnung ist, sich mal auszuklinken, ohne Angst haben zu müssen, etwas zu verpassen. Nach dem Motto: Weniger ist mehr.
- Achten Sie bei allem auf einen ausgeglichenen Wechsel von Anspannung und Entspannung, Bewegung und Ruhe, Lärm und Stille. Also: nach Sport und Toben in der Hängematte entspannen; nach den Hausaufgaben, einer Fernsehsendung oder Computersitzung für Bewegung sorgen; nach einem Wochenendausflug einen ruhigen Abend zu Hause verbringen.
- Entspannen Sie Ihr Familienleben durch Ruherituale: Stehen Sie morgens etwas früher auf und kuscheln Sie noch etwas; nehmen Sie sich Zeit für ein Frühstück ohne Radioberieselung; machen Sie zusammen eine kleine Mittagsstunde.
- Zeigen Sie Ihrem Kind, dass es gut tut, wirklich mal Ruhe zu haben und diese zu genießen. Ein dunkler Bildschirm, ein abgeschaltetes Handy, ein Spaziergang durch den Wald ohne MP3-Player sind gut für überreizte Sinne.
- Finden Sie zusammen mit Ihrem Kind heraus, wie es sich am besten entspannen kann. Solange es noch klein ist, lässt es sich vielleicht gern auf Ihrem Schoß wiegen. Oder es mag sich auf den Rücken oder Bauch legen und ruhige Musik hören. Sehr entspannend sind Meditationsmusik oder Klänge aus der Natur wie Meeresrauschen oder Wind. Vielleicht gefällt es ihm auch, wenn Sie ihm die Füße massieren oder mit einem Igelball sanft über den Rücken rollen. Probieren Sie zusammen mit Ihren größeren Kindern Entspannungstechniken wie Autogenes Training, Progressive Muskelentspannung oder Kinderyoga aus. Kurse gibt es in Volkshochschulen und Familienbildungsstätten, Anleitungen für zu Hause in Büchern und auf CDs.

TIPP: Anspannung abschütteln

Ihr Kind stellt sich mit leicht gegrätschten Beinen und lockeren Knien hin und beginnt seinen ganzen Körper gut durchzuschütteln. Wie ein Baum, dessen Äste und Blätter vom Wind durchgepustet werden. Anfangs bläst der recht stürmisch, mit der Zeit flaut er immer mehr ab, der Baum schwingt nur noch ganz sanft hin und her. Irgendwann herrscht Windstille, der Baum steht ruhig und fest. Ihr Kind atmet langsam und gleichmäßig und stellt sich vor, dass seine Füße Wurzeln im Boden schlagen. So hält es einen Augenblick inne.

Fernsehen: Ständig vor der Glotze?

Fernsehen ist einfach faszinierend. Kaum ein Kind wird nicht in den Bann der bunten Bilder gezogen. Sesamstraße, Teletubbies, Löwenzahn und die Werbung: Kleine Leute würden garantiert alles gucken, was der Bildschirm zu bieten hat, wenn Eltern sie nur ließen. Doch grenzenlosen Fernsehkonsum kann man natürlich nicht erlauben. Schließlich sind die schädlichen Auswirkungen von langem Fernsehen inzwischen unumstritten: Viel zu viele Reize überfluten das kleine Gehirn, die es nicht verarbeiten kann. Konzentrations- und Gedächtnisschwäche, Unruhe oder Schlafstörungen können die Folgen sein. Außerdem bewegen sich die meisten Kinder heute ohnehin zu wenig. Und: In Familien spricht man nicht genug miteinander. Alles Argumente gegen das Fernsehen.

Doch die Flimmerkiste ist nun mal aus unserem Leben nicht mehr wegzudenken. Damit Ihr Kind durch das Fernsehen keinen Schaden nimmt, müssen Sie ihm zeigen und vorleben, wie man damit umgeht. Nur so kann es langfristig von den guten Seiten dieses Mediums profitieren.

HAND AUFS HERZ

Welchen Stellenwert nimmt Fernsehen in Ihrem Alltag ein? Wann, wie lange und was gucken Sie täglich? Was tun Sie sonst in Ihrer Freizeit? Wenn der Fernseher ständig läuft, können Sie von Kindern kaum erwarten, dass sie wegschauen.

Bewusst fernsehen

- Die oberste Devise heißt: Öfter mal abschalten. Oder ganz bewusst gar nicht erst anschalten.
- Legen Sie strikte Fernsehzeiten fest. Kinder unter drei Jahren sollten besser gar nicht gucken. Vorschulkinder höchstens eine halbe Stunde täglich. Wichtig: Wenigstens genauso viel Zeit für Bewegung einplanen.
- Essen Sie nicht vor dem Fernseher. Und lassen Sie sich und Ihre Kinder nicht nebenbei dauerberieseln.

- Genießen Sie am Wochenende mehr Familienzeiten. Spielen, lesen, reden Sie miteinander, gehen Sie raus, unternehmen Sie etwas. Und lassen Sie sich nie vom Fernsehen tyrannisieren: Wer eine Verabredung mit Freunden absagt, um eine bestimmte Sendung nicht zu verpassen, setzt falsche Prioritäten!
- »Verstecken« Sie Ihren Fernseher, wenn er nicht benutzt wird. Vielleicht kann er in einem Schrank verschwinden.
- Benutzen Sie den Fernseher nicht als Babysitter. Und nicht als Fluchtmittel aus dem Alltag.

Auf Qualität achten

- Wählen Sie kritisch aus. Jedes Kind reagiert anders, vor allem auf spannende Sendungen. Beobachten Sie, wie Ihr Sprössling sie verkraftet. Und streichen Sie eine Serie notfalls.
- Sprechen Sie mit Ihrem Kind über die Sendung. Amüsieren Sie sich gemeinsam, erklären Sie, überlegen Sie, wie's weitergehen könnte. Viele Kinder spielen gern Fernsehfiguren nach.
- Nutzen Sie das Fernsehen zum Lernen. Es zeigt Dinge, die wir sonst nie sehen würden. Suchen Sie geeignete Sendungen über Tiere und Natur aus. Vertiefen Sie das Thema durch ein Buch. Schauen Sie gemeinsam tolle DVDs an.

LESEN SIE AUCH:

- Bewegungsmangel, Seite 33
- Computer & Co., Seite 35

TIPP: Fernsehhits für Kids

- Sesamstraße: Klassiker für Kinder ab etwa vier Jahren. Lernen und Spaß mit Ernie, Bert, Krümelmonster & Co.
- Sendung mit der Maus: Lustiges und Wissenswertes für Kinder ab vier Jahren mit der Maus und dem blauen Elefanten.
- Logo!: Aktuelle Tagesnachrichten, speziell für Kinder aufbereitet (ab sechs bis sieben Jahren).
- Marvi Hammer: In Kooperation mit »National Geographic World« erfahren junge Zuschauer etwas über Tiere und Natur – zum Teil in Englisch.
- Infos geben das Fachportal »Flimmo« (www.flimmo.de) und die Aktion »Schau hin!« (www.schau-hin.info).

Gefühle: Immer diese Launen ...

In einem Augenblick springen sie fröhlich durch den Garten, im nächsten gibt's dicke Kullertränen, weil der kleine Bruder die Sandburg zertreten hat. Wenn Mama dann noch sagt, der Kleine wüsste es nicht besser, machen sich Wut und Eifersucht durch lautes Gebrüll Luft. Doch da flattert ein bunter Schmetterling vorbei, und schon ist der Ärger wie weggeblasen. Kinder fahren stimmungsmäßig ständig Achterbahn. Und dann gibt es auch noch die Tage, an denen Ihr Kind durchgehend schlecht gelaunt ist. Vielleicht hat es zu wenig geschlafen, ist überreizt oder brütet eine Krankheit aus. Es gibt auch längere Phasen, in denen Ihr Kind mit sich und der Welt unzufrieden ist und die schlechte Laune nie zu enden scheint. Vielleicht vermisst es den Papa, der viel auf Geschäftsreisen ist. Vielleicht steckt Angst vor einem anstehenden Umzug oder Zoff im Kindergarten dahinter.

TIPP: Auf die eigenen Gefühle hören

Das kennen große ebenso wie kleine Leute: Es gibt »Ja«-Gefühle, die für gute Laune und Wohlbefinden sorgen, und »Nein«-Gefühle, die traurig, ängstlich oder wütend machen und ein unangenehmes Grummeln im Bauch verursachen. Natürlich gibt es im Alltag genug Situationen, in denen ein Kind etwas tun muss, was ihm keinen Spaß macht: aufräumen, obwohl es keine Lust dazu hat, ins Bett gehen, obwohl es doch lieber noch spielen möchte ... In anderen Bereichen jedoch – etwa was körperliche Nähe, Umarmungen, bestimmte Spiele betrifft – sollten Sie den Eigen-Sinn Ihres Kindes immer wieder stärken. Machen Sie ihm klar: Wenn so etwas bei dir »Nein«-Gefühle auslöst, darfst du auch deutlich »Nein« sagen.

Hilfe im Chaos geben

Was auch immer der Grund für das Gefühlschaos sein mag, das Ihr Kind gerade durchmacht – es braucht jetzt vor allem eines: Ihr Verständnis. Denn bei kleinen Leuten sind Gefühle noch eine ziemlich wackelige Angelegenheit. Sie schwanken noch stärker hin und her als bei uns Großen. Hinzu kommt, dass die Kids mit dem, was sie fühlen, noch recht wenig anfangen, es nicht einordnen und in Worte fassen können. Das verunsichert sie zusätzlich. Da ist es umso wichtiger, dass Sie als Eltern sie liebevoll auffangen. Und dass Sie versuchen, das Durcheinander der kindlichen Gefühle zu durchschauen und Emotionen in Worte zu übersetzen. Denn ohne Ihre Hilfestellung wird Ihr Kind das kaum schaffen.

Gefühle respektieren und ausdrücken helfen

- Nehmen Sie alle Gefühle Ihres Kindes ernst. Auch wenn Sie das Drama des verlorenen Spielzeugautos nicht so ganz nachvollziehen können: Akzeptieren Sie die Trauer. So wächst das nötige Vertrauen, das Ihr Kind braucht, um sich Ihnen zu öffnen.
- Bewerten Sie die Gefühle kleiner Leute nicht. Ob Ihr Kind gerade zufrieden, glücklich, einsam, eifersüchtig oder wütend ist – all das ist normal und in Ordnung. Zensieren Sie nicht. Jeder hat ein Recht auf ganz eigene Gefühle. Verkneifen Sie sich Sätze wie: »Stell dich doch nicht so an!«
- Kleiden Sie Gefühle in Worte. Anfangs können dabei Bilderbücher und Spiele helfen. Reden Sie mit Ihrem Kind schon früh über seine Gefühle. Das ist nicht einfach: Sogar Erwachsene haben Schwierigkeiten damit. Also haben Sie Geduld – auch mit sich selbst. Sprechen Sie oft aus, wie Sie selbst sich fühlen: »Ich freue mich, ich bin sehr glücklich« oder »Ich ärgere mich«.
- Schenken Sie Ihrem Kind einen »sprechenden Stein«. Oder eine Sorgenpuppe. Solche Gegenstände sind bei großem Kummer wunderbare »Zuhörer«.
- Fragen Sie Ihr Kind nach dem Grund für seinen aktuellen Gefühlzustand: »Warum bist du wütend?« – »Wovor hast du Angst?« Warten Sie in Ruhe seine Antwort ab. So lernt Ihr Kind auch selbst zu erkennen, woher seine Gefühle kommen.

LESEN SIE AUCH:

> Eifersucht, Seite 40
> Jungen, Seite 56
> Machtkämpfe, Seite 74
> Mädchen, Seite 76
> Trotzanfälle, Seite 106
> Tyrannen, Seite 108

Geschwister: Liebe und Hiebe

In der Mutter-Kind-Gruppe wird heftig diskutiert: Frau Bergers Töchter Svenja und Mirja gehen wie Hund und Katze miteinander um. Bei Familie Müller scheint die Geschwisterwelt noch in Ordnung. Bei den vier Kindern von Brandts streitet immer irgendwer. Psychologen haben sich intensiv mit Geschwisterbeziehungen auseinandergesetzt. Der renommierte Analytiker Alfred Adler stellte zum Beispiel fest, dass das älteste Kind in der Familie häufig »Pionierarbeit« leistet und manchmal auch die Mutterrolle für jüngere Geschwister übernimmt. Solche Aussagen sind heute umstritten – aber auch nicht völlig von der Hand zu weisen. Richtig ist sicher: Das erste Kind trifft auf unerfahrene Eltern, während diese bei den folgenden Kindern bereits erziehungserprobt sind.

Die Gemeinschaft zwischen Geschwistern ist etwas ganz Besonderes: Sie ist nicht freiwillig gewählt, nicht aufkündbar und bleibt meist über viele Jahre bestehen. Geschwister haben eine gemeinsame Geschichte. All das erleichtert das Zusammenleben nicht unbedingt. Außerdem sind Geschwister häufig sehr unterschiedlich: Sie stimmen genetisch nur zu etwa 50 Prozent überein. Das führt zwangsläufig dazu, dass Eltern ihre Kinder unterschiedlich behandeln – was ja auch durchaus richtig ist, aber oftmals Missgunst und Rivalität entstehen lässt.

Die Rivalität zwischen Geschwistern wird verstärkt ...

- durch ungleiche Behandlung,
- durch Konkurrenzsituationen, etwa bei geringem Altersabstand,
- durch Überforderung eines Kindes, etwa bei ständigen Vergleichen mit Geschwistern oder zu viel Verantwortung,
- weil jedes der Kinder nach seinem Platz in der Familie sucht.

HAND AUFS HERZ

> Fühlen Sie sich zu einem Ihrer Kinder besonders hingezogen? Gelingt es Ihnen trotzdem, Ihre Zuwendung gerecht zu verteilen?

> Wie war das früher bei Ihnen: Gab es nicht auch häufig Zoff? Lieben Sie Ihre Geschwister heute nicht trotzdem?

Von Geschwistern lernen

Wenn Sie mehrere Kinder haben, lernt jedes schon früh, zu teilen, nachzugeben, sich durchzusetzen. Es übt beim Streiten, sich für eine Sache einzusetzen, um etwas zu kämpfen – aber auch mal zurückzustecken. Das gelingt nicht immer auf friedlichem Wege. Es kostet Sie Zeit, Energie und Nerven. Doch der Einsatz lohnt sich: Ihre Kinder schaffen es viel schneller, sich in eine Gemeinschaft einzufügen. Sie trainieren, Konflikte zu bewältigen – auch außerhalb der Familie. Ein Bonus für die Zukunft: Jugendliche und erwachsene Geschwister sind oft sehr solidarisch, unterstützen sich in vielen Situationen und meistern Probleme gemeinsam.

So helfen Sie Ihren Kindern, den »Geschwistervorteil« zu nutzen:

- Akzeptieren Sie, dass Ihre Kinder verschiedenartig sind. Machen Sie ihnen klar, dass es deshalb auch Unterschiede geben muss – allein schon wegen des Altersunterschieds. Vermeiden Sie aber unbedingt jegliche Benachteiligung.
- Machen Sie sich und Ihren Kindern deutlich, dass jedes eine unverwechselbare Persönlichkeit hat. Deshalb lieben und schätzen Sie jedes Kind auch auf eine besondere Weise.
- Mischen Sie sich nicht in Streitereien ein. Geben Sie den Geschwistern die Chance, ihren Konflikt selbstständig zu regeln.
- Überfordern Sie das älteste Kind nicht, »benutzen« Sie es nicht als Babysitter für die jüngeren.
- Verhätscheln Sie Ihre jüngeren Kinder nicht.
- Nutzen Sie jede Gelegenheit, um mit allen Kindern gemeinsam etwas zu spielen oder zu unternehmen. So verhindern Sie, dass sich Geschwister aus dem Weg gehen, und schaffen Situationen, in denen Ihre Kinder lernen, miteinander umzugehen.
- Schaffen Sie auch Möglichkeiten, um mit jedem Kind einzeln allein zu sein. Achten Sie dabei darauf, dass es gerecht zugeht und jedem Kind gleich viel Aufmerksamkeit zuteil wird.

LESEN SIE AUCH:
> Eifersucht, Seite 40
> Schlagen, Seite 88

Hausaufgaben: Nur mit Mamas Hilfe?

Seit drei Monaten geht Philipp (sechs Jahre) nun schon zur Schule. Doch mit seinen Hausaufgaben hat er immer noch nicht viel am Hut. Am liebsten würde er zu Hause nur spielen. Mama muss ihn immer wieder ans Rechnen und Schreiben erinnern, sonst würde Philipp nie fertig.

Aller Anfang ist schwer – und der Schulstart hat es in sich. Bis dahin konnte Ihr Kind ja die meiste Zeit des Tages völlig frei mit Spielen verbringen. An Projekten und Bastelarbeiten im Kindergarten musste es nicht teilnehmen, wenn es nicht mochte. Und nun ist plötzlich alles ganz anders: Von morgens bis mittags soll der ABC-Schütze im Unterricht still sitzen und konzentriert mitarbeiten. Zu Hausaufgaben hat er dann überhaupt keine Lust mehr. Das ist nur zu verständlich! Trotzdem ist es wichtig, dass Erstklässler von Anfang an den Stoff nachmittags noch einmal wiederholen und so das Gelernte festigen. Schließlich macht nur Übung den Meister – und zum Üben ist während der Unterrichtsstunden nun mal zu wenig Zeit. Außerdem sollen die Schüler allmählich lernen, selbstständig zu arbeiten. An Hausaufgaben führt also kein Weg vorbei. Das sollten Sie als Eltern auch akzeptieren.

Am besten räumen Sie den Hausaufgaben vom ersten Schultag an ebenso einen festen Platz im Tagesablauf ein wie dem Unterricht. Für den Anfang sollten Sie sich darauf einstellen, dass Sie Hilfestellung leisten müssen. Sicher: Hausaufgaben sind nicht für die Eltern da! Doch die meisten Kids brauchen mehr oder weniger lange Zeit tatkräftige Unterstützung und Begleitung dabei. Nehmen Sie sich genug Zeit, um Ihrem Kind den Schritt in die Selbstständigkeit zu erleichtern.

Gute Lernbedingungen schaffen

- Richten Sie Ihrem ABC-Schützen einen festen Arbeitsplatz ein. Schenken Sie ihm einen kindgerechten Schreibtisch, auf dem er stolz seine Hefte ausbreiten kann. Aber wundern Sie sich nicht: Anfangs ist meist trotzdem der Küchentisch der Hausaufgaben-Lieblingsplatz des Erstklässlers.
- Legen Sie eine Zeit für die Hausarbeiten fest. Probieren Sie in den ersten Tagen noch aus, wann Ihr Kind am besten arbeiten kann: gleich nach dem Mittagessen, erst nach einer kurzen Verschnaufpause, spätnachmittags? Dann machen Sie gemeinsam ab, wann die Hausaufgaben nun immer erledigt werden.
- Sorgen Sie für eine ruhige, entspannte Atmosphäre: Schalten Sie Radio und Fernseher aus, beschäftigen Sie jüngere Geschwister mit etwas anderem, verhindern Sie sonstige Störungen. Nur so kann sich Ihr Kind konzentrieren. Ganz wichtig: Vermeiden Sie Stress – denn unter Druck lernt niemand gut.
- Beginnen Sie mit der »Kür«. Lassen Sie Ihr Kind mit dem anfangen, was ihm leicht fällt und Spaß macht. Das motiviert – und gibt Elan für die schwierigeren Aufgaben.

Beim Lernen unterstützen

- Geben Sie Denkanstöße statt Lösungen. Ihr Kind soll den Stoff lernen – nicht Sie. Fragen Sie nach, bringen Sie es auf den richtigen Weg, korrigieren Sie, aber lassen Sie es allein arbeiten.
- Wenn Sie merken, dass Ihr Kind nicht mehr ganz bei der Sache ist, unterbrechen Sie kurz. Dann sollte es zügig weitergehen. Bummeleien nerven nur und kosten unnötig viel Freizeit.
- Geizen Sie nicht mit Lob. Zeigen Sie Ihrem Kind, dass Sie toll finden, was es schafft. Packen Sie zum Abschluss gleich den Ranzen für morgen. Dann ist der Kopf frei für Spiel und Spaß.
- Bauen Sie Anspannung ab. Nach Schule und Hausaufgaben ist Ihr Kind sicher geschafft. Es braucht jetzt dringend Entspannung. Gönnen Sie ihm eine Ruhepause, Bewegung im Freien oder Spiele mit Geschwistern und Freunden. Stellen Sie möglichst im ersten Schuljahr andere Anforderungen zurück. Und vermeiden Sie jeden »Freizeitstress«.

LESEN SIE AUCH:
> Egotrip, Seite 38
> Konzentrationsmangel, Seite 64
> Linkshänder, Seite 70
> Schulanfang, Seite 94
> Überfordert – unterfordert?, Seite 109

Hilfe im Haushalt: Mein Kind tut nichts!

Ronja (**drei Jahre**) **und Paul** (**vier Jahre**) helfen ihren Eltern unheimlich gern, am liebsten in der Küche. Das Geschirr wird zwar nicht so ganz sauber, und leider schwimmt auch der Fußboden in der Küche etwas. Aber die beiden sind sehr stolz auf sich. Schließlich haben sie Mama und Papa eine große Freude bereitet. Ein tolles Beispiel. Leider sieht es bei den meisten Kindern anders aus – so wie bei Miriam (sechs Jahre). Sie mag nicht helfen, räumt ihr Frühstücksgeschirr nicht weg, lässt ihre schmutzige Wäsche einfach auf den Fußboden fallen und wischt das Waschbecken nach dem Zähneputzen nicht aus. Miriams Mutter ist verzweifelt. Ihr Vater rät zur Geduld: »Sie ist ja noch so klein, irgendwann lernt sie es schon.« Irrtum! Je länger Miriam sich daran gewöhnt, dass ihre Eltern für Aufräumen und Putzen zuständig sind, umso schwerer wird sie sich umstellen. Wahrscheinlich wird sie als Erwachsene noch ihre Wäsche zu Mama bringen.

Hilfe annehmen – und loben!

Kinder haben Spaß am Helfen, auch wenn ihre Leistung oft nicht den Erwartungen der Eltern entspricht. Statt Erleichterung haben die oft zusätzliche Arbeit: Sie müssen bei Bedarf Hilfestellung geben und ihre Ansprüche erst einmal zurückschrauben. Eltern tun gut daran, die Kids gewähren zu lassen, ihre Leistung zu bewundern, sie zu loben und sich für ihre Hilfe zu bedanken. Nur so können sie ihnen die Freude am Helfen erhalten. Sätze wie »Dafür bist du noch zu klein!«, »Lass mich das machen, dann geht es schneller!« oder »Das hast du aber nicht ordentlich gemacht!« nehmen Kindern die Lust am Helfen.

LESEN SIE AUCH:

› Aufräumen, Seite 28
› Egotrip, Seite 38
› Jungen, Seite 56
› Tyrannen, Seite 108

- Ihr Kind kann schon früh helfen: beim Abwaschen, Staubwischen, Tischdecken und -abräumen. Gewöhnen Sie es rechtzeitig daran, dass es für seine Sachen selbst zuständig ist.
- Geben Sie ihm keine Scheinaufgaben, sondern Arbeiten, die seinem Alter entsprechen und die es allein bewältigen kann.
- Übertragen Sie Ihrem Kind kleine Ämter in eigener Verantwortung: Blumen gießen, den Müll rausbringen, die Treppe fegen. Besprechen Sie mit ihm, welche Dinge es übernehmen möchte.
- Schieben Sie keine unangenehmen Dinge auf Ihr Kind ab, die Sie selbst nicht gern tun. Sonst wird es lustlos.

WERTVOLL FÜR SPÄTER

Bei ihren Aufgaben im Haushalt lernen Kinder auch, sich aufzuraffen, sich ihre Zeit und ihre Kräfte einzuteilen.

So macht die gemeinsame Arbeit Spaß

- Erledigen Sie Aufgaben gemeinsam.
- Legen Sie einen »Familienhaushaltstag« fest: Immer am Samstagmorgen könnten alle Familienmitglieder ihre Aufgaben im Haushalt erledigen. So fühlt sich keiner ausgeschlossen oder benachteiligt. Nach der Pflicht ist Zeit für gemeinsame Vorhaben.
- Verteilen Sie Bonuspunkte. Wer etwas im Haushalt tut, bekommt einen. Wer zuerst zehn gesammelt hat, darf sich etwas wünschen, was die Familie gemeinsam unternimmt.
- Gestalten Sie die Arbeit so, dass sie Spaß macht. Hören Sie eine spannende CD, singen Sie gemeinsam oder erzählen Sie ein paar Geschichten aus Ihrer Kinderzeit.

Jungen – typisch?

TIPP: Zuwendung von Mama

Jungen fällt es oft schwer, ihre Gefühle auszudrücken. Dabei kann gerade Mama helfen. Bei ihr muss sich, anders als im Konkurrenzkampf mit Papa, ein kleiner Mann nicht beweisen. Schenken Sie Ihrem Jungen so viel Aufmerksamkeit und Zärtlichkeit, wie er mag. Es muss ja nicht vor den Augen seiner Kumpels sein.

»**Tischdecken ist Weiberkram,** das mache ich nicht.« Bei solchen Sprüchen aus dem Mund eines Fünfjährigen stellen sich Müttern die Nackenhaare auf. Sitzt bei Jungen der Macker in den Genen? Keine Panik: Kinder durchleben immer mal Phasen, in denen sie sich auf der Suche nach dem eigenen Ich an Klischees klammern. Ob es ihnen gelingt, sich davon zu lösen und ihre eigene Identität zu finden, hängt wesentlich davon ab, was Sie als Eltern ihnen vorleben. Und wie Sie mit Ihrem Jungen umgehen: Stärker als Gene und Hormone fördern unsere Erwartungen und unterschwelligen Botschaften klischeehaftes Verhalten. Das macht vor allem Jungen Probleme, denn ihnen fehlt allzu oft ein männliches Vorbild. Nicht nur, weil Kinder Väter nach wie vor wenig erleben, sondern auch, weil viele Väter heute selbst zwischen hartem Karriere- und softem Familienmann hin und her schwanken. Dazu kommen widersprüchliche Botschaften: Wenn Mama zuerst stolz ist, wie Sohnemann sich auf dem Spielplatz lautstark Respekt verschafft, ihr im Café aber seine heftigen Forderungen peinlich sind, ist die Verwirrung komplett. Kein Wunder, dass kleine Kerle irgendwann nicht mehr wissen, wie »Mann« sein soll. So kämpfen sie lärmend gegen ihre eigene Unsicherheit, markieren den coolen Macker, selbst wenn ihnen zum Heulen zumute ist.

Jungen brauchen deshalb vor allem eine klare Linie und angemessene Grenzen. Machosprüche sollten, auch wenn sie noch so witzig sind, nicht unkommentiert bleiben. Jungen brauchen aber auch viel Fürsorge. Ihr Gehirn entwickelt sich langsamer, sie reifen und lernen anders als Mädchen, haben wildere Seiten und einen stärkeren Bewegungsdrang.

Fähigkeiten fördern

- Leben Sie Gleichberechtigung vor: Papa kann kochen, Mama mit der Bohrmaschine umgehen, sie gehen respektvoll miteinander um, akzeptieren Stärken und Schwächen des anderen.
- Reden Sie mit Ihrem Jungen über alles: über seine Erlebnisse, Interessen, Gedanken und Gefühle. Das fördert die emotionalen, kommunikativen und sozialen Fähigkeiten.
- Zeigen Sie Ihrem Sohn, dass Sie ihn so nehmen, wie er ist. Auch wenn Ihnen Tobereien und Abenteuer fremd sind, akzeptieren Sie sein Verhalten – ebenso wie Tränen und Traurigkeit.
- Helfen Sie kleinen Raufbolden, ihre Aggressionen spielerisch auszuleben. Scheuen Sie dabei nicht den Körperkontakt: Rangeln, raufen und ringen Sie miteinander, machen Sie Kissenschlachten. Und sprechen Sie immer wieder über Gefühle.
- Bieten Sie Ihrem Sohn »Männerabenteuer«: Mit Papa (oder einer anderen männlichen Bezugsperson) Fußball spielen, zelten, ein Baumhaus bauen, Pfeile schnitzen …
- Ob Zauberer, Katze, Cowboy oder Indianer – je unbefangener Kids in verschiedene Rollen schlüpfen können, desto eher finden sie ihre Identität. Dazu können phasenweise auch Pistolen und Panzer gehören. Verteufeln Sie das nicht, aber stellen Sie klare Regeln auf: Gefragt sind Worte statt Fäuste.

LESEN SIE AUCH:

> Gefühle, Seite 48
> Mädchen, Seite 76

GU-ERFOLGSTIPP ROLLENTAUSCH

Bei Jungen verdoppelt sich mit vier Jahren das männliche Geschlechtshormon Testosteron im Körper. Sie werden dadurch aktiver, aggressiver und launischer (ab fünf Jahren sinkt der Hormonspiegel dann wieder etwas). So helfen Sie Ihrem »Sandkastenrocker«, den Alltag mal aus Ihrer Perspektive zu sehen: Tauschen Sie mit Ihrem Kind die Rolle – den ganzen Tag über oder ein paar Stunden. Sie spielen die Rolle des Kindes, das sich morgens nicht waschen will, zum Frühstück Schokolade möchte oder total aufdreht. Ihr Kind darf nun den Bestimmer spielen. Sie brauchen sich keine Sorgen machen, dass es über die Stränge schlägt, das ist nur selten der Fall – vielmehr wird ihm das Spiel Spaß machen. In der Regel lernt es so, dass manche Entscheidung der Eltern durchaus Sinn hat.

Kindergartenstart: Hinaus ins Leben!

Jakob (drei Jahre) hat sich so auf den Kindergarten gefreut. Er findet auch alles ganz toll – trotzdem will er Mamas Hand nicht loslassen. Sobald sie gehen will, beginnt ein großes Geschrei. Die Erzieherin empfiehlt der Mutter, noch etwas zu bleiben. Nach einer Weile beginnt Jakob fröhlich mit anderen Kindern zu spielen, aber weggehen darf Mama nicht. Das wiederholt sich die ganze Woche. Zum Verzweifeln, aber ganz normal. Jakob muss erst lernen, sich von der Mutter zu lösen. Kleine Leute brauchen viel Zeit, um sich an eine neue Umgebung oder neue Bezugspersonen zu gewöhnen. Es gelingt besser, wenn Mama in Reichweite ist. Erst wenn das Kind sich ganz sicher fühlt, kann sie es allein lassen. Der Zeitpunkt dafür ist von Kind zu Kind verschieden.
Wer schon Freunde und Geschwister im Kindergarten hat, verschmerzt die Trennung leichter. Kinder, die zuvor eine Spielgruppe oder Ähnliches besuchten, haben weniger Schwierigkeiten als solche, die nie in fremder Umgebung waren. Manche Kinder zeigen ihren Kummer, andere schlucken ihn herunter, verarbeiten ihn im Spiel, reagieren mit Aggressionen oder Krankheit.

HAND AUFS HERZ

> Sind Sie bereit, Ihr Kind loszulassen – oder sind Sie traurig, wenn es morgens nicht mehr zu Hause ist, und sagen ihm das vielleicht auch manchmal?

> Wissen Sie genau, in welche Einrichtung Sie Ihr Kind bringen? Kennen Sie das Haus, das Personal?

Den Einstieg erleichtern

Versuchen Sie, Ihr Kind schon frühzeitig auf den Start ins Kindergartenleben vorzubereiten. Die Eingewöhnung sollte bereits viele Monate vor dem großen ersten Tag beginnen – das erleichtert Ihnen beiden die Trennung. Sprechen Sie mit Ihrem Kind viel über den Kindergarten. Betrachten Sie Bilderbücher. Besuchen Sie die Einrichtung. Später gehen Sie zusammen für einige Minuten in die Gruppen und schauen den anderen Kindern zu.

- Zeigen Sie Ihrem Kind Ihre eigene Freude über den neuen Lebensabschnitt deutlich.
- Wenn Ihnen der Abschied schwer fällt: Machen Sie sich klar, dass es für Ihr Kind wichtig ist, losgelassen zu werden.
- Machen Sie Ihrem Kind den Einstieg interessant. Kaufen Sie gemeinsam alles, was es für den Kindergarten braucht: einen Rucksack, eine schöne Trinkflasche, eine Brotdose.
- Helfen Sie Ihrem Kind auf dem Weg in die Selbstständigkeit: Regen Sie Besuche bei anderen Kindern, bei Freunden und Verwandten an. So übt Ihr Kind, mit anderen zu spielen, ohne dass Sie ständig dabei sind.
- Knüpfen Sie Kontakt zu anderen Kindern, die bereits in den Kindergarten gehen. Erzählungen von der wunderbaren Welt dort machen Ihrem Sprössling Mut.

Zusammenarbeit mit dem Kindergarten

- Besprechen Sie mit der Erzieherin in der Kindergartengruppe, wie Sie die Eingewöhnungszeit gestalten können. Scheuen Sie sich nicht, Wünsche anzusprechen und dabei die Wesensart Ihres Kindes und seine aktuelle Lebenssituation einzubeziehen.
- Drängen Sie Ihr Kind nicht, aber lassen Sie sich auch nicht zu schnell auf seine Wünsche ein. Nehmen Sie es nicht auf sein Drängen sofort wieder mit nach Hause, sondern bleiben Sie noch eine Weile bei ihm im Kindergarten (siehe Seite 58).
- Sprechen Sie viel miteinander über die Erlebnisse im Kindergarten. So kann Ihr Kind das Geschehen verarbeiten, und Sie hören heraus, wo noch Hilfe nötig ist. Erwarten Sie aber keine allzu ausführlichen Berichte.
- Halten Sie von Anfang an guten Kontakt zu der Erzieherin Ihres Kindes. Im Kindergarten erlebt Ihr Kind eine familienergänzende Erziehung. Diese baut auf dem auf, was Sie für richtig halten. Deshalb ist ein guter Austausch zwischen allen an der Erziehung Ihres Kindes Beteiligten notwendig.

LESEN SIE AUCH:

> Angst, Seite 26
> Klammern, Seite 60
> Schüchternheit, Seite 93
> Unselbstständigkeit, Seite 116

Klammern: Meine kleine Klette ...

»Mama, geh nicht weg!« Schluchzend klammert Sophie (vier Jahre) sich an ihre Mutter. Diese kann keinen Schritt machen, ohne dass Sophie ihr am Rockzipfel hängt. Die Kleine abends mal der netten Nachbarin anzuvertrauen ist überhaupt nicht denkbar. Sogar bei der geliebten Oma dauert es sehr lange, bis Sophie die Mama endlich schweren Herzens gehen lässt.
Solche kleinen Klammeräffchen stehen nicht nur ihren Eltern, sondern auch sich selbst im Weg. Denn sie versäumen durch ihr Verhalten so viele neue Kontakte und Erfahrungen, die Kinder eigentlich dringend brauchen. Aber das Kind zur Trennung zu zwingen würde ihm nur mehr Angst machen. Das Ergebnis wäre, dass es nur noch stärker klammern würde. Haben Sie Verständnis für Ihre kleine Klette – und üben Sie das langsame Loslassen.

Sicherheit geben – loslassen helfen

- Erst binden, dann loslassen. Wer unsicher ist, hält sich erst recht fest. Zeigen Sie Ihrem Kind, dass Sie jederzeit für es da sind und dass es sich ganz auf Sie verlassen kann, dass Sie zuverlässig immer wieder kommen wie verabredet. Bleiben Sie zuerst bei ihm, wenn es sich nicht trennen kann. Warten Sie immer erst sein Einverständnis ab, bevor sie gehen.
- Gehen Sie niemals heimlich weg, auch dann nicht, wenn Ihr Kind ohnehin gerade schläft. Vielleicht wacht es doch einmal auf, und wenn dann »nur« die nette Nachbarin an seinem Bett steht, fühlt es sich von Ihnen verlassen. Erklären Sie Ihrem Kind deshalb vorher, warum Sie nicht da sind und wer sich in dieser Zeit um es kümmern wird.

LESEN SIE AUCH:
› Angst, Seite 26
› Einzelkinder, Seite 42
› Schüchternheit, Seite 93
› Unselbstständigkeit, Seite 116

Verlässlichkeit – Voraussetzung zum Loslassen

- Halten Sie Verabredungen unbedingt ein. Wenn Sie Ihrem Kind versprechen, es vor dem Abendessen abzuholen, sollten Sie pünktlich sein. Kleine Leute brauchen Verlässlichkeit.
- Spielen Sie Verstecken. Lassen Sie sich auch richtig suchen. Beim Wiederfinden ist die Freude dann doppelt groß.
- Wer selbst eher isoliert lebt, muss sich nicht wundern, wenn sein Kind bei Fremden scheu ist. Laden Sie öfter Freunde ein oder machen Sie Ausflüge mit anderen Familien. Vertrauen Sie Ihr Kind schon früh für kurze Zeit anderen lieben Menschen aus Familie und Bekanntenkreis an. Lassen Sie selbst es auch los.

Hilfe zum Anfassen und Begreifen

- Geben Sie Ihrem Kind etwas Vertrautes von sich mit: einen Anhänger an einem Band oder ein Tuch, das nach Mama duftet ...
- Vielleicht mag Ihr Kind sich an einem Stofftier festhalten. Oder es ist mit einer Schirmmütze auf dem Kopf mutiger.
- Helfen Sie Ihrem Kind, sich schrittweise von Ihnen zu lösen, indem Sie ihm eine Stellvertretergeschichte erzählen. Diese handelt von einem Kind, das die gleichen Probleme hat. Ihr Kind soll sich nun Lösungsvorschläge für bestimmte schwierige Situationen ausdenken. Zum Beispiel: »Mia ist ein braves Kind und sie liebt ihre Mama sehr. Wenn Mama sie morgens in den Kindergarten bringt, gibt sie Mia zum Abschied einen Kuss. Dann fängt Mia an zu weinen. Sie will nicht ohne Mama im Kindergarten bleiben. Was soll Mama tun?« Denken Sie sich weitere Beispiele aus, die für Ihr Kind typisch sind. Helfen Sie ihm, spielerisch eigene Lösungen zu entwickeln.

GU-ERFOLGSTIPP

ÜBER DEN SCHATTEN SPRINGEN

Kinder erforschen gerne Unbekanntes. Manchmal fehlt ihnen aber der Mut dazu. Kleine Aufgaben helfen ihnen, etwas mutiger zu werden:

- Einen fremden Menschen nach dem Weg (zum Kindergarten) fragen.
- Der alten Nachbarin die Einkaufstasche nach Hause tragen.
- Im Supermarkt nach einer bestimmten Marmelade fragen.
- Einen fremden Menschen am Telefon um eine Auskunft bitten.
- In der öffentlichen Bücherei um eine fachkundige Einführung bitten.
- Den Spielplatz »untersuchen« und dem Bürgermeister über das Ergebnis Mitteilung machen.
- Bei einer Familienfeier ein Lied vorsingen, ein Gedicht aufsagen oder mit anderen ein kleines Theaterstück zum Besten geben.

Konsumrausch: Wünsche ohne Ende

Mini-Dinos und Monsterfiguren, zuckersüße Püppchen und ganze Kunststoffwelten: In deutschen Kinderzimmern lagern Millionenwerte – nicht selten völlig ungenutzt. Und immer wieder wird nach Neuem gebettelt. Längst gibt es nicht mehr nur zu Weihnachten, Ostern oder zum Geburtstag Geschenke: »Kleinigkeiten« zwischendurch gehören für die meisten Kids zum Alltag – als Belohnung nach dem Arztbesuch, einfach so beim Einkaufen oder als Mitbringsel von Oma. Wer schon früh erfährt, dass auch der längste Wunschzettel lückenlos abgearbeitet wird und die kleinste Äußerung das ersehnte Teil sofort herbeizaubert, versteht es beim besten Willen nicht, wenn plötzlich Konsumverzicht gefordert wird. Gefühle wie Sehnsucht und Freude bleiben dabei auf der Strecke. Das ist schade – und keine gute Vorbereitung aufs Erwachsenenleben. Denn da muss man auch auf etwas warten können – ab und an leider vergebens ...

Um Ihren Kindern ein Strahlen in den Augen beim Auspacken von Geschenken zu erhalten und sich selbst nervenaufreibende Situationen zu ersparen, sollten Sie schon früh gegensteuern: Sagen Sie ruhig immer wieder mal Nein und wählen Sie kritisch aus. Sie haben außerdem auch das Recht, für Ihr Geld das zu kaufen, was Sie möchten. Ihre Tochter wird es ganz sicher verkraften, wenn sie nicht die sechste Plastikpuppe bekommt!

HAND AUFS HERZ

- Wie konsumfreudig sind Sie? Wer selbst leidenschaftlich gern ausgiebig shoppen geht, der braucht sich über die Vorlieben des Nachwuchses nicht zu wundern.
- Machen Sie gern die neuesten Trends mit? Finden Sie es insgeheim vielleicht schick, wenn Ihr Kind auch trendy ist?
- Kaufen Sie nach Liste ein oder eher nach Lust und Laune? Nehmen Sie auch schnell mal etwas mit, was Sie gar nicht brauchen?
- Ist Shoppen für Sie eine beliebte Freizeitbeschäftigung, die Fahrt ins Einkaufszentrum häufig Ersatz für andere Erlebnisse?

Freude und Wertschätzung

- Überprüfen Sie Ihr eigenes Konsumverhalten und bemühen Sie sich, in puncto Einkaufen ein Vorbild für Ihre Kinder zu sein.
- Lassen Sie das Druckmittel »Alle haben das!« nicht gelten. Meist stimmt es ohnehin nicht. Forschen Sie nach, sprechen Sie mit anderen Eltern. Tauschen Sie mit anderen Eltern Spielzeug, Bücher und Spiele. Denn sicher hat Ihr Kind auch etwas, das andere nicht haben!
- Kaufen Sie keine Geschenke zwischendurch. Auf die Erfüllung großer Wünsche sollten Kinder immer bis zum Geburtstag oder bis Weihnachten warten.
- Schenken Sie auch Nützliches. Unter dem Tannenbaum darf auch ein neuer Anorak oder ein Fahrradhelm liegen.
- Gehen Sie gemeinsam mit Ihrem Kind einkaufen. Ein Vierjähriger kann mit Preisen zwar noch nichts anfangen, aber er sieht, wie Sie vergleichen, etwas als »zu teuer« aussortieren. Beziehen Sie Ihren Sprössling in Ihre Überlegungen ein – vor allem, wenn es um etwas für ihn geht.
- Lassen Sie sich beim Einkaufen nicht erpressen: Kinder müssen nicht jeden Supermarktbesuch versüßt bekommen oder mit Spielzeug belohnt werden. Auf dem Einkaufszettel einer Familie stehen andere Dinge. Das schließt natürlich nicht aus, dass Sie sich nach einem anstrengenden Großeinkauf gemeinsam ein Eis gönnen!
- Lassen Sie Verwandte und Freunde lieber Geld zu größeren Geschenken dazugeben. Wenn alle gemeinsam ein Fahrrad kaufen, lernen Kinder außerdem, dass das etwas Wertvolles ist.
- Wenn Verwandte oder Freunde Ihrem Kind gern Geld zukommen lassen wollen, können sie es ja auf ein Sparbuch einzahlen – für größere Anschaffungen oder besondere Wünsche in späteren Jahren.
- So viel Taschengeld pro Woche ist angemessen: ab 5 Jahren 50 Cent, ab 6 Jahren 1 Euro, ab 7 Jahren 1 bis 2 Euro.

LESEN SIE AUCH:

- Egotrip, Seite 38
- Einzelkinder, Seite 42
- Langeweile, Seite 66

Konzentrationsmangel: Nie bei der Sache

Jedes Spiel wird abgebrochen, kein Puzzle wird zum vollständigen Bild: Viele Kinder sind Meister des Unvollendeten. Sich zu konzentrieren ist eine Kunst, die auch viele Erwachsene in unserer rastlosen Zeit nicht mehr beherrschen. Die Gedanken auf eine einzige Sache auszurichten ist Schwerstarbeit fürs Gehirn. Etwas, das Kinder erst langsam lernen müssen – mit Ihrer Hilfe. Oft wird es durch die Umwelt erschwert. Die Konzentration geht in einer Flut von Reizen unter. Lärmende Radios und Fernseher, Telefone und Handys, Musikberieselung an jeder Ecke, viele Termine und Eltern, die unter Zeitdruck fünf Dinge gleichzeitig tun – kein Wunder, dass der Nachwuchs nie richtig bei der Sache ist!

Die Konzentration fördern

Wer sich konzentrieren will, braucht Ruhe und muss ab und zu auch mal allein sein. Also: Schluss mit ständigen Störungen und unnötigen Ablenkungen von außen. Überprüfen Sie einmal Ihre Lebensgewohnheiten – vielleicht lässt sich so die Konzentrationsfähigkeit Ihres Sprösslings schon verbessern.

Achten Sie auch auf gesunde Ernährung – mit viel Gemüse und Obst, Vollkornprodukten, mit gesundem Eiweiß etwa aus Joghurt oder Fisch, reinen Pflanzenölen und Nüssen. All das kann durchaus so zubereitet sein, dass es Kindern schmeckt. Nur ein Gehirn, das gut gefüttert wird, arbeitet reibungslos. Kindern, die nicht frühstücken, mittags mit Fastfood abgespeist werden und nachmittags ihren Hunger mit Süßigkeiten stillen, fehlt bald die nötige Energie für ihre grauen Zellen – und auch für Bewegung, die das Gehirn ebenfalls dringend braucht.

SPRUNGHAFT?
Überschätzen Sie das Durchhaltevermögen der Kids nicht. Kinder können sich nur etwa zweimal so viele Minuten auf eine Sache konzentrieren, wie sie in Jahren alt sind. Was Erwachsene für sprunghaft halten, ist also für kleine Leute oft ganz normal.

Training für die grauen Zellen

- Trainieren Sie Konzentration ganz entspannt: Spielen Sie gemeinsam mit Ihrem Kind Memory oder Kartenspiele, legen Sie Figuren aus Holzplättchen (Tangram), fädeln Sie Perlen auf, konstruieren Sie Häuser und Fahrzeuge aus Bausteinen, malen Sie Mandalas aus. Ebenfalls eine tolle Übung: zusammen Bücher anschauen und lesen. Beziehen Sie den kleinen Zuhörer dabei immer wieder durch Fragen mit ein.
- Gehen Sie mit Ihrem Kind auf Fantasiereisen. Machen Sie es sich gemütlich und »wandern« Sie zuerst gemeinsam ein Stück: »Stell dir vor, du bist auf einer grünen Wiese ...« Lassen Sie Ihr Kind dann den Faden weiterspinnen.
- Unterbrechen Sie Ihr Kind nie ohne triftigen Grund. Reißen Sie es nicht ständig aus seiner Beschäftigung heraus.
  Geben Sie ihm wo immer möglich die Zeit, sein Spiel zu beenden oder dort abzubrechen, wo es ihm sinnvoll erscheint. Wichtig: ein Platz, an dem unvollendete Werke liegen bleiben können. So kann später weitergearbeitet werden.
- Weniger Angebot ist oft mehr. Wer fünf Puzzles vor sich hat, kann sich schwer für eines entscheiden. Packen Sie Spielzeug zeitweilig in eine Kiste, die dann auf den Dachboden kommt. So übt Ihr Kind, sich mit wenigem intensiver zu beschäftigen.
- Sorgen Sie für Bewegung. Wenn der Kopf gar nicht mehr bei der Sache ist, braucht der Körper oft Sauerstoffnachschub. Toben an frischer Luft kann da Wunder wirken.
- Auch kleine Bewegungen regen das Gehirn an. Lassen Sie Ihr Kind ab und an auf einem Gymnastikball Platz nehmen statt auf dem Stuhl. Es kann auch einen kleinen Stein oder eine Murmel in der Hand hin und her bewegen. Kaugummikauen fördert ebenfalls die Aufmerksamkeit.
- Massieren Sie Ihrem Kind die Ohren: Nehmen Sie die Ohrmuschel zwischen Daumen und Zeigefinger und lassen Ihre Finger mit kreisenden Bewegungen von innen nach außen und von oben nach unten wandern – ganz sanft und vorsichtig. Ihr Kind kann seinen Kopf dabei langsam hin- und herdrehen (eine Übung aus der Kinesiologie, siehe Buchtipp Seite 124).

LESEN SIE AUCH:

> Aufräumen, Seite 28
> Bewegungsmangel, Seite 33
> Entspannung, Seite 44
> Lernprobleme, Seite 68
> Unruhe, Seite 114
> Zeitdruck, Seite 120

Langeweile: Ich hab gar keine Idee!

»**Mir ist so langweilig.** Ich weiß nicht, was ich tun soll.« Sätze, die viele Eltern zur Verzweiflung bringen. Oft hängen schon kleine Kinder völlig gelangweilt herum. Oder machen Unsinn, damit überhaupt etwas passiert. Eltern sind ratlos: Das Kind hat doch alles?! Aber Spielzeugberge helfen nicht gegen Langeweile, ständige Aktionen und Termine überbrücken nur kurzfristig die Leere. Wo können die Kids heute noch gefahrlos draußen spielen? Wo die Neugier befriedigen, den Entdeckerdrang ausleben? Wer weder Unordnung noch Lärm machen darf und möglichst sauber bleiben soll, hat als Kind Probleme, sich zu beschäftigen. Kein Wunder, dass Kreativität, Fantasie und Tatendrang auf der Strecke bleiben. Ständige Langeweile ist ein Alarmsignal: Ihr Kind hungert nach Anregungen, neuen Reizen, größeren Freiräumen.

HOCHBEGABTE KINDER

Hervorragendes Gedächtnis, schnelles Denk- und Reaktionsvermögen, die Fähigkeit zu absoluter Konzentration – wenn sie gefordert sind, drehen hochbegabte Kinder voll auf. Der Alltag ist für sie jedoch oft Langeweile pur, weil sie vollkommen unterfordert sind. Wenn Sie vermuten, dass Ihr Kind überdurchschnittlich intelligent ist, können Sie es testen lassen. Fragen Sie Ihren Kinderarzt, er weiß, wohin Sie sich wenden können.

Der Langeweile Paroli bieten

- Beim Spielzeugkauf gilt: Lieber weniges, aber Gutes als viel Unsinniges. Dinge, die sich vielseitig verwenden lassen, fördern die Kreativität: Holzklötze, Steckfiguren, Baukästen, Holzperlen-Sets ...
- Gehen Sie mit Ihrem Kind möglichst oft in die Natur. Im Wald, auf Wiesen oder am Teich entdecken Sie jede Menge »Spielzeug«: Holzstücke, Steine, Federn, Stöcke, Schneckenhäuser ...
- Geben Sie Ihrem Kind Aufgaben. Lassen Sie es Blumen gießen, staubsaugen, Nägel in

ein Brett einschlagen. Echte Geräte sind dabei natürlich immer interessanter als die Spielzeugversion.

- Sorgen Sie immer wieder für neue Anregungen. Probieren Sie Spiele gemeinsam mit Ihrem Kind aus, zeigen Sie, wie etwas funktioniert. Regen Sie Experimente an: Malen auf Stoff und Glas statt auf Papier, Gipsabdrücke herstellen, Balanceakte auf Beetbegrenzungen ...
- Schaffen Sie Raum für Bewegung. Lassen Sie Ihr Kind so oft wie möglich draußen spielen. Und richten Sie möglichst auch zu Hause eine »Tobe-Ecke« ein: alte Matratzen, Kissen, vielleicht eine Schaukel im Türrahmen oder eine Hängematte.
- Halten Sie für Notfälle eine Anti-Langeweile-Kiste parat. Sammeln Sie darin alles, was für Ihr Kind spannend sein könnte: ein kniffliges Spiel, Schminke, Knete, Schrauben, Fotos ...
- Wie wär's mal mit einem spielzeugfreien Nachmittag: Verstauen Sie gemeinsam alles Spielzeug in Kisten und Regalen, so dass nichts mehr griffbereit herumliegt. Dann erzählen Sie Ihrem Kind, dass Sie ein »Experiment« machen wollen: Spielen ohne Spielzeug. Fragen Sie es: »Hast du eine Idee, was du tun könntest?« Warten Sie geduldig ab und geben Sie höchstens kleine Anstöße: Nehmen Sie einen Kochtopf und schlagen Sie darauf. Welche Töne gibt er von sich? Womit lässt sich noch Musik machen? Holen Sie eine Zeitung. Legen Sie einzelne Blätter als Brücke durchs Zimmer – wer danebentritt, landet im »Wasser«. Reißen Sie Fotos für eine Collage heraus. Falten Sie Schiffchen. Testen Sie, ob diese im Waschbecken schwimmen. Werfen Sie alle Kissen und Decken auf einen Haufen. Daraus lässt sich eine prima Höhle bauen! Ihrem Kind wird sicher noch viel mehr einfallen ...

LESEN SIE AUCH:

- Bewegungsmangel, Seite 33
- Computer & Co., Seite 35
- Fernsehen, Seite 46
- Konzentrationsmangel, Seite 64
- Überfordert – unterfordert?, Seite 109
- Unruhe, Seite 114

Lernprobleme: Warum fällt das so schwer?

Neue Studien belegen, dass viele Kinder heute Lernprobleme haben. Experten führen diese vor allem auf Bewegungsmangel und fehlende räumliche Erfahrungen zurück. Aber es können auch andere Ursachen dahinterstecken, zum Beispiel folgende:

- Ihr Kind könnte überfordert sein, weil es zu früh eingeschult wurde oder an Kindern gemessen wird, die früh intensiv gefördert wurden. Vielleicht kommt es auch mit dem Lernen im 45-Minuten-Takt oder den vielen Mitschülern nicht klar.
- Ihr Kind könnte unterfordert sein, sich langweilen und deshalb nicht aufpassen. Hochbegabte Kinder gelten häufig zunächst als lernschwach (siehe Seite 66). Sie stören den Unterricht, weil sie sich langweilen. Diese Kinder benötigen besondere Förderung.
- Ihr Kind könnte unmotiviert sein. Ohne Spaß und Erfolg beim Lernen fehlt einfach der Antrieb.

HAND AUFS HERZ

- Schimpfen Sie auf die Lehrer oder stellen ihre Kompetenz in Frage?
- Zeigen Sie echtes Interesse für die Schulgeschichten Ihres Kindes? Loben Sie es für Lernerfolge?
- Was tun Sie in Ihrer Freizeit? Lernen Sie gern dazu?
- Wann haben Sie zuletzt ein Buch gelesen – allein oder mit Ihrem Kind?

Gute Grundlagen fürs Lernen schaffen

- Bereiten Sie Ihr Kind frühzeitig auf die Schule vor. Zeigen Sie, wie schön es ist, selbst lesen und schreiben zu können.
- Halten Sie von Anfang an Kontakt zu den Lehrern. Gehen Sie nicht davon aus, dass sich diese bei Ihnen melden.
- Forschen Sie nach den Ursachen von Lernproblemen. Liegt es an Ihrem Kind, an den Lehrkräften oder am Unterricht?
- Zeigen Sie Interesse an dem, was Ihr Kind lernt. Nehmen Sie sich jeden Tag Zeit, um darüber zu reden, was Ihr Kind bewegt.
- Wecken Sie die Lernfreude Ihres Kindes. Entwickeln Sie selbst spannende Aufgaben zu den Themen, die Ihr Kind in der Schule durchgenommen hat.

- Nutzen Sie die Neugier Ihres Kindes. Ermutigen Sie es, Fragen zu stellen, und fragen auch Sie. Gehen Sie Dingen gemeinsam mit Ihrem Kind auf den Grund.
- Loben Sie positive Lernergebnisse. Ihr Kind braucht Erfolgserlebnisse, um motiviert lernen zu können.
- Schaffen Sie eine angenehme, angstfreie Lernatmosphäre in einem störungsfreien Raum, in dem sich Ihr Kind wohl fühlt.
- Reservieren Sie täglich bestimmte Zeiten, in denen Sie Hausaufgaben oder Entspannungsübungen machen, auch gemeinsam malen, Bilderbücher ansehen ...
- Meditative Spiele schenken Ruhe und Konzentration. Ihr Kind kann im Spiel versinken, entspannen, neue Kraft schöpfen und Alltagsstress hinter sich lassen. Geeignet sind Puzzlespiele, Tangrams legen, Mandalas ausmalen.
- Gehen Sie ab und zu gemeinsam auf eine spannende Fantasiereise (siehe Erfolgstipp).

LESEN SIE AUCH:

> Bewegungsmangel, Seite 33

> Hausaufgaben, Seite 52

> Schulanfang, Seite 94

> Verhaltensauffällig, Seite 117

GU-ERFOLGSTIPP FANTASTISCH REISEN

Ihr Kind liegt bequem mit geschlossenen Augen auf einer Decke. Sie beginnen zu erzählen; lassen Sie immer wieder Pausen: »Wir gehen jetzt gemeinsam auf eine wunderschöne Reise. Dafür packst du alle deine Gedanken in einen Rucksack und stellst ihn so lange weg, bis wir zurück sind ... Lass dir Zeit und achte darauf, wie dein Atem ganz gleichmäßig durch den Körper strömt ... Atme tief ein. Lass den Atem nun ganz langsam wieder aus deinem Mund heraus. Das wiederholst du dreimal.« »Jetzt geht's los: Auf einem fliegenden Teppich sausen wir ins Land deiner Träume ... Du bist gelandet. Schau dich in Ruhe um und merke dir gut, was du siehst (lange Pause). Es gibt lauter schöne Sachen zu sehen: Blumen, Tiere, Menschen, Spielzeug ... Schau dir alles ganz genau an (lange Pause). Jetzt hörst du etwas. Was sind das für Geräusche, wo kommen sie her? Du folgst den Geräuschen. Du siehst Jungen und Mädchen in deinem Alter, die auf seltsamen Musikinstrumenten spielen, singen und tanzen. Du schaust ihnen zu ...« Spinnen Sie die Geschichte noch etwas weiter. Nach etwa 10 Minuten beenden Sie die Reise: »Du möchtest jetzt wieder nach Hause und steigst auf den fliegenden Teppich ... Die Reise ist kurz und schön: Du landest ganz weich hier auf deiner Decke ... Jetzt wirst du langsam wach und öffnest die Augen.«

Linkshänder: Gar nicht so anders!

Früher wurden Linkshänder rigoros auf rechts »umgepolt« – heute dagegen wissen die Pädagogen, dass das eher Probleme schafft als beseitigt: Sprach-, Konzentrations- und Schreib-Lese-Störungen können die Folge sein, ebenso wie Minderwertigkeitskomplexe und Unsicherheit des betroffenen Kindes.

Kinder kommen auch »mit links« gut durchs Leben: Linkshänder sind ebenso normal wie Rechtshänder und fast immer sehr kreativ. Also keine Panik, wenn sich im zweiten bis dritten Lebensjahr herausstellt, dass Ihr Kind lieber die linke Hand benutzt. Testen Sie spielerisch, ob es nur eine zeitweilige Vorliebe ist oder ob die Händigkeit bereits ausgeprägt ist (siehe Tipp). Wechselt Ihr Kind die Hand häufig, sprechen Sie mit Ihrem Kinderarzt darüber.

Meist haben kleine Linkshänder bis zum Schuleintritt gar keine Schwierigkeiten. Schon Bestecke und Kinderscheren gibt es heute in der Linkshänder-Version zu kaufen. So können alle Kinder von klein auf ihre bevorzugte Hand benutzen und trainieren.

Erst wenn es ans Schreiben geht, haben es Linkshänder oft schwerer. Ihr Kind braucht dann meist mehr Unterstützung als ein Rechtshänder. Wundern Sie sich nicht, wenn es beim Schreiben langsamer arbeitet und schneller erschöpft ist, da die Arbeitsrichtung in den Heften und Büchern auf Rechtshänder ausgelegt ist. Das Schreiben strengt Ihr Kind anfangs sehr an. Zahlen, Buchstaben oder Wörter in Spiegelschrift, vertauschte und verdrehte Buchstaben sowie von rechts nach links geschriebene Wörter sind keine Seltenheit. Doch mit Ihrer geduldigen Anleitung überwindet Ihr Kind sicher auch diese Hürden bald. Einen Preis in Schönschrift muss es ja nicht unbedingt gewinnen!

LESEN SIE AUCH:

› Hausaufgaben, Seite 52
› Lernprobleme, Seite 68
› Schulanfang, Seite 94

Kleine Linkshänder unterstützen

- Informieren Sie den Lehrer Ihres Kindes. So bekommt es auch in der Schule die nötige Hilfe, etwa einen Platz mit günstigen Lichtverhältnissen für Linkshänder.
- Besorgen Sie das richtige Werkzeug: Scheren, Spitzer, Kindertaschenmesser und Füller gibt es speziell für Linkshänder. Zum Schreiben reicht am Anfang ein dreieckiger Bleistift.
- Achten Sie auf eine unverkrampfte Schreibhaltung: Die linke Hand sollte gerade und locker sein und sich auf den kleinen Finger stützen. Handrücken und Unterarm bilden einen stumpfen Winkel. Die Finger bleiben unter der Schreiblinie. Das Ende des Stiftes zeigt Richtung Schulter.
- Legen Sie Hefte stets in die richtige Position. Die Seite, auf der Ihr Kind schreibt, muss links von der Mittelachse des Körpers liegen. Das Heft liegt in einem Winkel von etwa 30 Grad schräg nach links gedreht. Vielleicht markieren Sie Ihrem Kind diese Lage auf seinem Schreibtisch.
- In vielen Schreiblernheften stehen die neuen Buchstaben und Wörter links. Für Linkshänder ist das ungünstig, da ihr Arm sie verdeckt. Schreiben Sie Ihrem Kind alles auf die rechte Seite oder kleben Sie eine Kopie oben rechts ins Heft, wenn dort mehr Platz ist. Notfalls geben Sie Ihrem Kind die Vorlage auf einem Extrablatt.

Die Koordination trainieren

- Machen Sie gemeinsam Schwungübungen. Lassen Sie Ihren Linkshänder Kringel, Wellen, Schnecken, Kreisel, Schlaufen oder einfach nur Schlangenlinien malen, immer von links nach rechts. Wunderbar eignet sich auch eine liegende Acht. Wichtig dabei: Die Acht sollte so liegen, dass beim Malen die Körpermitte überquert wird. So werden beide Gehirnhälften aktiviert.

TIPP: Welche Hand bevorzugt Ihr Kind?

- Rollen Sie Ihrem Kind einen Ball zu. Mit welcher Hand greift es danach? Sie können ihm den Ball oder ein Tuch auch zuwerfen.
- Lassen Sie Ihr Kind einen Hammer benutzen oder eine Schachtel öffnen, die schwer aufgeht. Welche Hand arbeitet?

Lügen: Eine fantastische Welt

»**Mama, im Garten ist ein UFO gelandet.** Es hat Funken gesprüht. Dann sind grüne Männchen ausgestiegen, und die haben mich gefragt, ob ich mit ihnen mitfliegen will. Aber ich wollte nicht. Dann haben sie in unserem Garten ein paar Erdbeeren gepflückt und sind wieder abgehauen.«

Moritz (vier Jahre) trägt die Geschichte mit großem Ernst vor und ist erbost, dass keiner sie ihm glauben will. Er ist in der magischen Phase, in der die Fantasie mit Kindern ab und an durchgeht. Bis zum Alter von vier Jahren lügen Kinder noch nicht vorsätzlich und bewusst: Fantasie und Wirklichkeit vermischen sich einfach. Die Kinder müssen erst lernen, mit der Wahrheit präziser umzugehen. Manchmal halten sie das für wahr, was sie sich sehr wünschen. Erst zwischen dem fünften und siebten Lebensjahr kann Ihr Kind sicher zwischen Realität und Fantasie, Wahrheit und Lüge unterscheiden – und Lügen bewusst einsetzen. Viele Eltern sind erbost und sehr enttäuscht, wenn sie ihre Kinder beim Lügen ertappen. Die Lügen zerstören das Vertrauen – und Menschen, die sich nahe stehen und Vertrauen zueinander haben, belügen sich nicht. So denken die meisten – doch wem dürften wir dann noch vertrauen? Schließlich sind die Eltern Vorbild: Experten haben ermittelt, dass Erwachsene bis zu 200-mal am Tag flunkern oder lügen. Für Sie gilt das nicht? Wetten, doch!

HAND AUFS HERZ

- Wie oft am Tag flunkern Sie?
- Haben Sie in Gegenwart Ihres Kindes schon geschwindelt?
- Musste Ihr Kind Sie schon einmal am Telefon verleugnen?
- Geben Sie es freiwillig zu, wenn Sie geflunkert haben, oder reden Sie sich raus?
- Finden Sie kleine Flunkereien Ihres Kindes witzig und lachen darüber – oder korrigieren Sie solche Dinge?
- Bauschen Sie Erlebnisse mit und vor Ihrem Kind manchmal kräftig auf?

Sicher haben Sie schon öfter die Frage »Wie geht's?« mit »Danke, sehr gut!« beantwortet – auch wenn es nicht stimmte. Oder mit einer kleinen Übertreibung oder Ausschmückung hie und da dafür gesorgt, dass Erlebnisse als zündender Gesprächsstoff auf der Party taugten. Auch beliebt: die Notlüge von der kranken Großmutter, die Sie pflegen müssen, weshalb Sie einen unangenehmen Termin nicht wahrnehmen können ...

Ohne Lügen geht es scheinbar nicht – Kinder begreifen das schnell. Sie lernen von uns Erwachsenen, mit Lügen umzugehen, und perfektionieren den Umgang damit zwischen dem siebten und neunten Lebensjahr. Da heißt es für Sie als Eltern aufzupassen. Gehen Sie dem testenden Spiel Ihres Kindes mit der Lüge nicht auf den Leim. Und seien Sie selbst möglichst ehrlich.

Mut machen zum Ehrlichsein

- Nehmen Sie Flunkereien von Kindern unter vier Jahren nicht so ernst. Ihr Kind lässt auf diese Weise Träume wahr werden.
- Seien Sie Ihrem Kind ein gutes Beispiel, denn wenn es merkt, dass Sie oft kleinere »Vergehen« vertuschen, wird es Ihr Kind mit der Wahrheit auch nicht so genau nehmen.
- Decken Sie Flunkereien und vor allem Lügen schonungslos auf. Sprechen Sie aber am besten zuerst unter vier Augen mit Ihrem Kind, stellen Sie es nicht vor »Publikum« bloß. Dramatisieren Sie die Dinge nicht, aber machen Sie Ihrem Kind klar, dass Sie den Schwindel durchschaut haben und erwarten, dass das die Ausnahme bleibt. Seien Sie auch bereit, Lösungswege zu finden.
- Zeigen Sie Achtung und Respekt, wenn Ihr Kind eigene Lügen zugibt und aufdeckt.

Tipps für den »Ernstfall«

- Reagieren Sie nicht spontan mit Wut. Bleiben Sie gelassen und sachlich. Reden Sie über das Thema Schwindeln.
- Entwickeln Sie mit Ihrem Kind Strategien, um in Zukunft Lügen vermeiden zu können. Klären Sie sorgsam ab, warum Ihr Kind lügt – etwa aus Angst vor Strafe – und was Sie gemeinsam dagegen tun können.

LESEN SIE AUCH:
> Angst, Seite 26
> Gefühle, Seite 48

Machtkämpfe: Wer ist stärker?

Samstagvormittag im Supermarkt: eine lange Schlange vor der Kasse. Jana (fünf Jahre) will ein Eis, Mama lehnt ab. Jana bettelt, Mama bleibt hart. Jana quengelt, andere Leute werden aufmerksam. Jana wirft sich auf den Boden, hält alle auf. Wie peinlich! Beim nächsten Mal bekommt Jana schnell ihr Eis. Sieg auf ganzer Linie! Jana hat gelernt, wie und wann sie Macht ausüben kann.

In jeder Familie gibt es Auseinandersetzungen. Kinder testen naturgemäß aus, welche Rolle sie dabei spielen können. Sie müssen ihre Position ausloten – und ausprobieren, wie es um ihre eigene Macht bestellt ist. Das ist für ihre Entwicklung wichtig.

Je demokratischer es im Elternhaus zugeht, umso weniger muss es zu Machtkämpfen kommen. Kinder lernen dann früh, dass man über (fast) alle Dinge sprechen und Regelungen oder Kompromisse finden kann. Kinder merken aber auch schnell, dass es manchmal nur eine Frage der Ausdauer ist, wer einen Machtkampf gewinnt – und dass sie ihre Eltern beherrschen können.

Kommt es zum Konflikt, versuchen es viele Eltern zunächst mit Bitten, Erinnern und Überredungskünsten. Später schmeicheln und ermahnen sie, um dann zu drohen: »Du gehst jetzt sofort ins Bett, sonst darfst du am Wochenende nicht bei deinem Freund schlafen.« Solche Aussagen schaffen ein fast unlösbares Dilemma. Das Kind fühlt sich machtlos und bedroht. Es gehorcht nicht aus Einsicht. Seine Chance, Selbstverantwortung zu lernen, wird eingeschränkt. Geben Sie als Eltern jedoch nach, merkt Ihr Kind, dass Sie manipulierbar sind. Es dreht den Spieß um und übt selbst Macht aus. Der einzige sinnvolle Weg: Konflikte nicht zu Machtkämpfen eskalieren lassen.

HAND AUFS HERZ

> Neigen Sie dazu, Konflikte unter den Teppich zu kehren oder auszusitzen?

> Können Ihre Kinder von Ihnen konstruktives Streiten lernen – oder reizt es Sie eher, aus einer Auseinandersetzung als Sieger hervorzugehen?

Streitkultur vermitteln

- Streit gibt es in jeder Familie. Er muss aber nicht in Sieg oder Niederlage enden. Suchen Sie im gemeinsamen Gespräch, vielleicht in einer Familienkonferenz, nach Lösungen, die für alle akzeptabel sind. So gehen alle Beteiligten gestärkt daraus hervor – und Ihr Kind lernt das Streiten und Argumentieren.
- Versuchen Sie nicht, Konflikte unter den Teppich zu kehren. Sie sind oft unangenehm, aber Konflikte bereichern das Leben auch.
- Betrachten Sie einen Streit nicht als Drama. In einer Auseinandersetzung sollte es darum gehen, sachlich unterschiedliche Interessen abzuwägen, um dann gemeinsam eine Lösung zu finden.
- Werten Sie niemanden ab. Es geht grundsätzlich darum, sich in einer Sache vernünftig abzustimmen – nicht um Personen.
- Vermitteln Sie Ihrem Kind eine akzeptable Streitkultur: ruhig bleiben, Argumente austauschen, Kompromisse finden.

Tipps für den »Ernstfall«

- Nehmen Sie Ihrem Kind den Wind aus den Segeln. Paula weigert sich standhaft, ihre Schuhe anzuziehen? Gut, dann muss sie auf Strümpfen losziehen. Wo liegt das Problem?
- Mischen Sie sich nicht in Geschwisterstreit ein. Ihre Kinder müssen lernen, ihre Konflikte selbstständig zu regeln.
- Der Ton macht die Musik: Bleiben Sie auch in Auseinandersetzungen ruhig und freundlich. Sonst kann der Streit eskalieren.

LESEN SIE AUCH:

> Geschwister, Seite 50
> Trotzanfälle, Seite 106
> Tyrannen, Seite 108
> Ungehorsam, Seite 112

Mädchen – typisch?

»Das ziehe ich nicht an!« Zickig und eitel stehen sie schon mit vier Jahren morgens verzweifelt vor dem Kleiderschrank. Nicht bequeme Shorts, nein: Das beste Sommerröckchen soll es für den Kindergarten sein. Rüschenkleid und Lackschuhe, am besten lackierte Fingernägel und täglich eine neue Haarspange. Wie kommt das nur, fragen sich da sportlich-praktische Mütter in Jeans und T-Shirt: Meine Kleine ein Modepüppchen!? Andere Eltern wiederum klagen, ihre Tochter sei kein »richtiges« Mädchen, eher so wild wie ein Junge.

Heute Mädchen zu sein ist nicht gerade leicht. 30 Jahre Frauenbewegung haben ihre Spuren hinterlassen. Viele Eltern bemühen sich bewusst, ihre Töchter zu emanzipierten Frauen zu erziehen. Trotzdem existieren noch traditionelle Rollenbilder – und Mädchen werden oft immer noch anders behandelt als Jungen. Mit plumper Gleichmacherei werden Sie den Unterschieden zwischen den Geschlechtern nicht gerecht. Doch um die Chancen Ihrer Tochter im späteren Leben zu verbessern, sollten Sie ihr ermöglichen, sich frei zu entfalten, und ihr helfen, ihre ganz eigene Weiblichkeit zu entdecken.

Dabei gibt es garantiert immer wieder Phasen, in denen sich Ihr Mädchen klischeehaft benimmt: sich herausputzt, verkleidet, Mama in häuslichen Tätigkeiten nacheifert ... Hindern Sie es nicht daran. Nur so finden Mädchen ihre Identität. Aber drängen Sie Ihre Tochter auch nicht in eine Rolle hinein: Wenn sie nicht als Fee zum Fasching gehen möchte, sondern als Indianerin, ist das in Ordnung. Lassen Sie sie selbst ihren Weg finden, ihre eigenen Interessen verfolgen.

HAND AUFS HERZ

> Wie haben Sie sich in Ihrer Frauenrolle eingerichtet? Wie sind bei Ihnen zu Hause die Rollen verteilt?

> Was bedeutet für Sie wahre Schönheit? Was gehört alles dazu?

> Welche Frauen finden Sie gut? Wieso?

Das Selbstbewusstsein fördern

> Seien Sie nicht übertrieben vorsichtig und ängstlich. Mädchen müssen nicht mehr behütet werden als Jungen. Und wenn Sie ihnen Freiräume zugestehen, können sie sich auch in schwierigen Situationen beweisen. Das stärkt das Selbstbewusstsein.

> Akzeptieren Sie, dass Mädchen auch laut, wild und aggressiv sein können. Freuen Sie sich über diese Energie!

> Es gibt kein »Puppen-Gen«! Bieten Sie Jungen wie Mädchen verschiedene Spielzeuge an: Teile zum Bauen und Konstruieren, Mal- und Bastelmaterial, Bewegungs- ebenso wie ruhige Tischspiele. Fördern Sie auch das Interesse an Musik, Sport, naturwissenschaftlichen Vorgängen und am Computer.

> Zeigen Sie Ihrer Tochter beizeiten, wie sie sich wehren kann – ob gegen boxende Jungen oder aufdringliche Erwachsene. Machen Sie aber auch klar, dass Zurückschlagen keine Lösung ist: Man kann auch mit Worten kämpfen (siehe auch Seite 88 f.).

> Gönnen Sie Ihrer Tochter den Spaß an ihrem Körper. Und an farbenfrohen und fantasievollen Experimenten mit Kleidung, Frisuren und Make-up. Schon die Kleinsten finden es toll, sich mit Cremetupfen auf Nase, Stirn und Wangen Clownsgesichter zu malen und beim Eincremen den Körper zu entdecken. Auch Faschingsschminke gibt's als Creme oder weiche Schminkstifte – damit können Kinder sich wunderbar von Kopf bis Fuß bemalen.

> Spielen Sie zusammen »Du bist wunderbar«. Beschreiben Sie einander jeweils in einem Satz, etwa: »Du bist stark, fröhlich, hast strahlende Augen, geschickte Finger, viel Energie.« Der andere versucht dann die genannte Eigenschaft mit seinem Körper darzustellen. Nach einiger Übung kann jeder sein Bild von sich pantomimisch vorstellen. Die anderen müssen dann erraten, warum derjenige »wunderbar« ist.

LESEN SIE AUCH:

> Gefühle, Seite 48
> Jungen, Seite 56

GU-ERFOLGSTIPP

VIELSEITIG FÖRDERN

Natürlich beschäftigen sich die meisten Mädchen gern zu Hause: mit Malen, Dekorieren, Puppenbetreuung und In-der-Küche-Werkeln ... Ebenso aber suchen sie ihren Platz und ihre Rolle »draußen« in der Welt. Unterstützen Sie die Abenteuerlust Ihres kleinen Mädchens, nehmen Sie seine Wünsche diesbezüglich ernst. Mütter und gerade auch Väter sind heute mehr denn je gefragt, die sportlichen, musischen, handwerklichen, unternehmungslustigen Seiten ihrer Töchter zu fördern.

Omas, Opas und andere Verwandte

HAND AUFS HERZ

> Wünschen Sie sich, Ihre Eltern würden sich weniger in die Erziehung einmischen? Oder wünschen Sie sich mehr Unterstützung?

> Sind Sie eifersüchtig auf die Großeltern?

> Haben Sie Verständnis für Ihre Eltern oder Schwiegereltern? Nehmen Sie sich Zeit für Gespräche?

Großeltern sind was Tolles: Sie hören sich alle Heldentaten aus dem Kindergarten begeistert an, lesen stundenlang Märchen vor und lassen die Enkel auch beim zwanzigsten Mal Mensch-ärgere-dich-nicht gewinnen. Sie fangen manchen Kummer auf, wenn es mit den Eltern mal ordentlich geknallt hat, schenken Geborgenheit, schimpfen seltener als die Eltern und haben nicht so hohe Erwartungen. Kinder lieben Oma und Opa deshalb meistens sehr.
Mama und Papa haben damit häufig Probleme. Nicht immer ist das Verhältnis zu ihren Eltern und Schwiegereltern ganz entspannt, und oft gibt es gerade zum Thema Kindererziehung unterschiedliche Standpunkte. Versuchen Sie trotzdem, das Ganze locker zu sehen. Freuen Sie sich, wenn Ihr Kind noch Großeltern und andere Verwandte hat, die es (regelmäßig) sehen kann. Viele Kinder kennen heute kein generationenübergreifendes Leben mehr. Deshalb ist gerade für kleine Kinder der Kontakt zur Verwandtschaft wichtig. Durch Großeltern können sie den Unterschied zwischen den Generationen wahrnehmen und sich ein Bild vom Älterwerden machen. Oma und Opa erzählen alte Geschichten, vermitteln Traditionen und Lebensweisheiten. Sie sind hervorragende Babysitter, die viel Geduld aufbringen.
Oft scheint es, als liebten Oma und Opa ihre Enkelkinder bedingungsloser als einst die eigenen Kinder. Und das ist nicht einmal problematisch, denn Kinder können sehr gut zwischen zu Hause und den Großeltern unterscheiden. So weiß Ronja (sechs Jahre), dass Oma es mit dem Aufräumen nicht so genau nimmt. Also lässt sie dort alles stehen und liegen. Ronja weiß aber auch, dass Mama zu Hause in diesem Punkt nicht mit sich verhandeln lässt.

So profitieren alle vom Miteinander

- Sehen Sie das Miteinander der Generationen als Gewinn. Projizieren Sie Ihre eigenen Schwierigkeiten mit Ihren Eltern nicht auf Ihre Kinder: Die erleben Ihre Eltern in einer völlig anderen Rolle. Reagieren Sie nur, wenn Ihr Kind ein sehr negatives Bild von seinen Großeltern hat.
- Machen Sie Ihrem Kind Unterschiede zwischen zu Hause und den Großeltern deutlich. Stellen Sie klar: »Hier wird vor dem Essen keine Cola getrunken, auch wenn du das bei Oma darfst.«
- Treffen Sie mit den Großeltern Absprachen über wirklich wichtige Regeln: Die Schuheinlagen müssen auch bei Oma und Opa getragen werden, Fernsehzeiten werden höchstens minimal überschritten, und das Zähneputzen fällt auch nicht aus.
- Nehmen Sie Angebote zur Entlastung an. Verzichten Sie nicht darauf, nur weil Sie Angst vor Abhängigkeiten haben. Sie können Hilfe annehmen, ohne immer gleich etwas dafür zu geben.
- Vertuschen Sie unterschiedliche Positionen nicht. Erklären Sie den älteren Leuten, warum Sie es nicht für notwendig halten, dass der Teller leer gegessen wird, aber darauf bestehen, dass Niko in der Wohnung keine Straßenschuhe trägt. Greifen Sie nicht ein, wenn die Großeltern in Aktion sind. Verbitten Sie sich aber umgekehrt auch jede Einmischung.
- Tolerieren Sie die altersentsprechende Andersartigkeit der Großeltern. Denken Sie daran: Auch Sie werden vielleicht einmal Großmutter oder Großvater. Gehen Sie ruhig etwas großzügig mit den »Macken« Ihrer Eltern um.

LESEN SIE AUCH:

> Egotrip, Seite 38
> Klammern, Seite 60

Quasselstrippen: Pausenlos nervig

Lara (sechs Jahre) redet wie ein Wasserfall. Sie mischt sich in jedes Gespräch und weiß auch mit vollem Mund was zu sagen. Ihre Eltern sind stolz, weil Lara so gut spricht und sehr sprachgewandt ist. Aber sie erleben immer öfter, dass Lara andere einfach nervt. Verwandte ließen schon abfällige Bemerkungen über die »Quasselstrippe« fallen. Ihre beste Freundin sucht sich inzwischen andere Spielgefährten. So versuchen die Eltern, Lara »den Mund zu stopfen«, indem sie ihr Bücher vorlesen, Hörspiel-CDs und Fernsehsendungen anbieten. Es hilft jedoch alles nichts.

Viele Kinder in Laras Alter können sich nicht so gut ausdrücken, haben Sprachstörungen und verfügen über einen geringen Wortschatz. Seien Sie also froh über die Fähigkeit Ihres Kindes, und sagen Sie ihm das auch. Was kleine Sprechtalente aber lernen müssen, sind Gesprächsregeln (siehe Seite 81). Ihr Kind sollte erleben, wie es bei anderen ankommt. Wahrscheinlich hat es nie erfahren, wie störend sein Verhalten tatsächlich ist. Geben Sie ihm in den entsprechenden Situationen direkt eine klare Rückmeldung.

HAND AUFS HERZ

> Gibt es in Ihrer Familie eine erwachsene Quasselstrippe, die ungebremst reden darf?
> Finden in Ihrer Familie viele Gespräche statt, bei denen Ihr Kind Kommunikation lernen kann?
> Treffen Sie sich in Ruhe am Familientisch, oder läuft bei Ihnen ständig nebenbei der Fernseher?
> Können Sie selbst Ihrem Kind gut und ausdauernd zuhören?

Gespräche statt Gequassel

- Forschen Sie nach den Ursachen für das Verhalten Ihres Kindes: Muss es sich durch die Quasselei Aufmerksamkeit verschaffen? Hat es ausreichend Gelegenheit, sich zu äußern?
- Bieten Sie Ihrem Kind viele Gelegenheiten für Gespräche in der Familie. So kann es die Gesprächsregeln üben.

- Ignorieren Sie Ihr Kind einfach mal, wenn es ständig redet. Loben Sie es, wenn es sich zurückhält: »Du hast es eben prima geschafft, nicht dazwischenzureden. Ich hab genau gemerkt, dass du gern etwas sagen wolltest.«
- Fordern Sie andere genervte Menschen auf, sich auch zu äußern, wenn etwas stört. Achten Sie aber darauf, dass die Rückmeldungen immer sachlich und nicht verletzend sind.
- Äußern Sie sich direkt. Sagen Sie, warum es Sie stört und was Sie lieber hätten. Zeigen Sie Konsequenzen auf: »Wenn du dich ständig in unsere Gespräche einmischst, schicke ich dich raus.«

Gesprächsregeln finden

Folgende Regeln – oder ähnliche – sollten bei Gesprächen gelten:

- Bevor ich rede, schaue ich, ob ein anderer etwas sagen möchte.
- Ich teile den anderen immer nur einen Gedanken mit und lasse dann sie zu Wort kommen. Ich höre den anderen gut zu.
- Ich versuche, nicht den Alleinunterhalter zu spielen, und rede nicht mehr als andere.
- Wer redet, darf ausreden. Er wird nicht unterbrochen.
- Beim Essen wird nicht unentwegt geredet – und mit vollem Mund überhaupt nicht.
- Ich erlaube meiner Familie, mir zu sagen, wenn ich nerve.

Kleine Quassler spielend beruhigen

Dieses Spiel ist nicht nur lustig, es zeigt Ihrem Kind auch, welche Wirkung eine Quasselstrippe auf ihre Zuhörer ausübt:

- Eine Handpuppe ist der Quassler, der ständig allen über den Mund fährt und pausenlos redet. Er ist gar nicht zu stoppen! Eben das aber soll die Prinzessin, die Ihre Tochter spielt, oder der Polizist, den Ihr Sohn darstellt, versuchen. Gelingt es, den Quassler freundlich, aber bestimmt zum Schweigen zu bringen?
- Das geht auch ohne Puppen: Schlüpfen Sie in die Rolle der Quasselstrippe. Beginnen Sie, Ihrem Kind etwas zu erzählen und Fragen zu stellen, die Sie sofort selbst beantworten. Ihr Kind soll versuchen, zu Wort zu kommen. Nach wenigen Minuten wechseln Sie die Rollen. Sprechen Sie danach über das Erlebte.

LESEN SIE AUCH:

› Egotrip, Seite 38
› Quengeln, Seite 82

Quengeln – keine Gnade!

LESEN SIE AUCH:
› Egotrip, Seite 38
› Machtkämpfe, Seite 74

Manche Kinder haben die Nummer mit der unangenehm weinerlichen Stimme einfach drauf: Wenn sie anfangen zu jammern, sträuben sich einem alle Nackenhaare. Rasch erfüllen genervte Eltern alle Wünsche. So lernen kleine Quengler, ihre »Waffen« zielgerichtet einzusetzen. Wer als Kind gelernt hat, seine Hilflosigkeit herauszukehren, um andere für sich einzuspannen, tut das oft auch später noch. Alle springen, weil sie das Gequengel nicht aushalten, aber keiner traut sich, dem Jammern konsequent ein Ende zu setzen.

Artikulieren statt Jammern

› Bleiben Sie konsequent und ruhig, auch wenn es anstrengend ist. Quengeln darf keinesfalls Erfolg haben! Nein heißt Nein.
› Reagieren Sie grundsätzlich nicht auf demonstrative Hilflosigkeit. Wenn Ihr Kind Hilfe benötigt, muss es das – natürlich seinem Alter entsprechend – äußern. Jammern und Quengeln dagegen führen nicht zu einem Hilfsangebot.

HAND AUFS HERZ

› Geben Sie immer wieder ziemlich schnell nach, wenn Ihr Kind quengelt?
› Äußern Sie Ihre Wünsche in der Regel direkt, oder neigen Sie zum Jammern?
› Gehören Sie zu den allzeit bereiten rettenden Engeln, die sofort springen, wenn jemand Hilflosigkeit demonstriert?
› Nutzen Sie Erzählungen anderer Menschen gern, um die eigene Leidensgeschichte vortragen zu können?

Tipps für den »Ernstfall«

› Beginnt Ihr Kind zu quengeln, fordern Sie es sofort unmissverständlich auf, seinen Wunsch im vernünftigen Ton vorzutragen.
› Machen Sie ihm in ruhigem Ton deutlich, dass das Quengeln Sie wütend macht und Sie keine Lust haben, darauf einzugehen.

Schimpfwörter: Pfui Teufel!

Schon kleine Kinder schockieren ihre Eltern mit Schimpfwörtern: zärtlich neckende, derbe und dumme. Die ersten Schimpfwörter lernen sie meist in der eigenen Familie: Sie haben die Mama heimlich schimpfen und den Opa fluchen gehört. Später bringen sie Wörter aus dem Kindergarten oder der Schule mit und greifen auf der Straße Gehörtes auf. Eltern machen sich dann oft Sorgen um das Sprachniveau ihrer Kinder. Aber meist lernen Kinder schnell zu unterscheiden: Das Arschloch gehört auf die Straße, während der Armleuchter gerade noch zu Hause akzeptiert wird. Und Kinder lieben Sprachspielereien. Sie kichern sich kaputt über eigene völlig unsinnige Wortschöpfungen und »sammeln« unflätige Schimpfwörter. Sie freuen sich diebisch darüber, etwas zu kennen, was Erwachsene für unanständig halten. Häufig kennen sie die Bedeutung der Wörter gar nicht, ahnen aber die abwertende Einstellung, die dahinter steht. Gerade das macht die Sache so geheimnisvoll und aufregend.

Kinder haben ihre eigene Sprache, mit der sie sich von den Erwachsenen distanzieren wollen. Dazu gehören Schimpfwörter. Die Kids fühlen sich stark und mutig, wenn sie verbotene Wörter benutzen – und sie sind bei Altersgenossen anerkannt. Wer flucht, macht sich über Autoritäten lustig, die sonst unangreifbar sind, und setzt sich damit über gesellschaftliche Regeln hinweg. Tabus werden gebrochen – das macht stark.

Der Umgang mit Schimpfwörtern

> Benutzen Sie selbst keine Schimpfwörter. Vermeiden Sie möglichst auch das Schimpfen und Lästern.

HAND AUFS HERZ

> Tragen Sie durch Ihr gutes Vorbild und das Setzen von Grenzen dazu bei, dass keine Schimpfwörter fallen?

> Welche der unerwünschten Wörter haben Ihre Kinder möglicherweise von Ihnen selbst gelernt?

LESEN SIE AUCH:

> Machtkämpfe, Seite 74
> Schlechtes Benehmen, Seite 90

- Sprechen Sie offen darüber, welche Bedeutung und Wirkung bestimmte Wörter haben, setzen Sie klare Grenzen.
- Wer ein Schimpfwort aufgegriffen und nicht verstanden hat, darf es sich zu Hause erklären lassen. Dabei gibt es kein Tabu.
- Gespräche über Schimpfwörter gehören in jede Familie. Was passiert, wenn man im Kindergarten, in der Schule, gegenüber den Eltern oder Autoritäten Schimpfwörter benutzt? Wie fühlt sich Ihr Kind, wenn es mit Schimpfwörter bedacht wird?
- Zeigen Sie Ihrem Kind Möglichkeiten, seinem Ärger anders Luft zu machen: den Unmut sachlich und direkt äußern, das Zimmer verlassen und eine »Auszeit« nehmen, bis die Wut sich gelegt hat, sich sportlich betätigen, mit jemandem das Problem besprechen ... Oft hilft auch eine laute Beschimpfung ohne Zuhörer, wieder »auf den Teppich zu kommen«.
- Schimpfwörter sind im Elternhaus verboten. Benutzt Ihr Kind trotzdem welche, versuchen Sie zunächst, es zu ignorieren. Hilft das nicht, sprechen Sie das Verbot noch einmal deutlich aus und erklären Ihrem Kind, was in Ihnen vorgeht, wenn es Schimpfwörter benutzt: »Es ist mir peinlich, dich auf dem Spielplatz so reden zu hören.« Daraus folgt als Konsequenz: »Ich gehe nicht mehr mit dir zum Spielplatz, wenn du Schimpfwörter benutzt.«
- Überhören Sie aber Kindergespräche, die nicht für Ihre Ohren bestimmt sind.

Sich spielerisch Luft machen

Ein Spiel für die Familie: Jeder denkt sich Schimpfwörter aus. Bedingung: Die Wörter sind selbst erfunden und verletzen niemanden persönlich. Nach fünf Minuten Überlegen darf jeder der Reihe nach seine Schimpfwörter nennen. So geben Sie Ihrem Kind die Möglichkeit, sich zu entlasten. Es darf »Un-Wörter« benutzen – ohne Konsequenz. Sprechen Sie anschließend über die Wörter.

Schlafengehen: Noch gar nicht müde!

Carl (ein Jahr) braucht viel Schlaf, aber leider nie mehr als zwei Stunden am Stück. Jan (vier Jahre) bekommt eine Flasche warmen Tee, ein Schnuffeltuch, einen Schnuller, seinen Teddy und eine Geschichte, bevor er endlich bereit ist, die Augen zu schließen. Sinas Eltern haben den Kampf mit ihrer Tochter (drei Jahre) längst aufgegeben. Sie wird vorsichtig ins Bett getragen, wenn ihr beim Spiel die Augen zugefallen sind. Solche Geschichten erzählen viele Eltern. Kaum ein Kind, das mit dem Schlafen nie Probleme hat, dessen Eltern nicht völlig übermüdet und genervt irgendwann alles tun würden, um endlich selbst schlafen zu dürfen.

So bekommen alle genug Schlaf

Versuchen Sie herauszufinden, warum Ihr Kind nicht ins Bett will und nicht durchschlafen kann. Vielleicht ist es sehr sensibel, und seine Gedanken kreisen noch lange um das, was am Tag passierte. Ängstliche und sensible Kinder haben besonders oft Einschlafprobleme: Einerseits benötigen sie viel Schlaf, andererseits gehen sie mit vielen belastenden Gedanken ins Bett. Nehmen Sie sich viel Zeit, mit Ihrem Kind über seine Ängste und Sorgen zu reden.

Das Schlaftagebuch

Die Gründe für die Schlafprobleme zu finden ist der erste Schritt zu ungestörter Nachtruhe. Hilfreich: ein Schlaftagebuch. Notieren Sie alles, was dazu beigetragen haben könnte, wenn Ihr Kind schlecht schläft, wie viel Schlaf Ihr Kind braucht und wann es schläft. Oft stellt man fest, dass die Schlafdauer durchaus normal ist – der Tag muss vielleicht nur etwas anders geplant werden.

SCHLAFBEDÜRFNIS VON KINDERN

- 1. Halbjahr: 14 bis 16 Stunden
- 2. Halbjahr: 12 bis 14 Stunden
- 1 bis 4 Jahre: 11 Stunden
- 5 bis 9 Jahre: 10 bis 11 Stunden

TIPP: Warum Kinder nicht einschlafen

Es gibt viele Gründe, warum kleine Leute nicht schlafen können oder wollen:

- Die meisten Kinder brauchen sehr viel Bewegung und frische Luft, um müde zu werden.
- Auch große Aufregung, die Erwartung besonderer Ereignisse, Ärger und Enttäuschungen können zu Einschlafstörungen führen.
- Kinder, die viel Zeit vor Fernseher, Video oder PC verbringen und dort vielleicht mit Inhalten konfrontiert werden, für die sie noch nicht reif sind, haben ebenfalls oft Schlafstörungen.
- Ein weiterer Grund ist die Unregelmäßigkeit. Wer jeden Tag zu einem anderen Zeitpunkt ins Bett gebracht wird, kann kein gutes Zeitgefühl und keine Gewohnheiten entwickeln.
- Außerdem sind Kinder von Temperament und körperlichen Bedürfnissen her verschieden. Selbst Geschwister haben ein unterschiedliches Schlafbedürfnis, das durchaus von üblichen Richtwerten abweichen kann. Je älter Kinder werden, umso weniger Schlaf benötigen sie.

Ruhige Nächte einläuten

- Sorgen Sie für ausreichenden Schlaf, akzeptieren Sie aber vor allem das individuelle Schlafbedürfnis Ihres Kindes, das von dem seiner Altersgefährten durchaus abweichen kann.
- Hetzen und drängen Sie nicht – stressen Sie sich und Ihr Kind nicht mit dem Thema Schlafen, sondern nehmen Sie sich genug Zeit für ein Zubettgehritual.
- Achten Sie auf absolute Regelmäßigkeit. Ändern Sie die Schlafenszeit nur in ganz besonderen Situationen. Ihr Kind muss wissen: Um 19.30 Uhr ist Schlafenszeit, daran gibt es nichts zu rütteln. Auch wenn es noch nicht einschlafen kann, weiß Ihr Kind, dass jetzt Zeit zum Ruhen, nicht mehr zum Spielen ist.
- Lassen Sie jeden Abend das gleiche Ritual ablaufen: Abendbrot essen, waschen, Zähne putzen, Geschichte vorlesen, den Tag Revue passieren lassen ... Kinder lieben solche Rituale.
- Beenden Sie den Tag gemeinsam mit Ihrem Kind: Was war gut an diesem Tag? Was war schlecht? Was hat besonders Spaß gemacht? Reden Sie 15 bis 30 Minuten mit Ihrem Kind. Das befreit von Sorgen. Dann ziehen Sie die Vorhänge zu. Morgen, nach dem Schlafen, beginnt ein neuer Tag.

- Geben Sie Ihrem Kind ein Lieblingsspielzeug mit ins Bett. Das hilft, sich in den Schlaf zu spielen. Ein Teil reicht aber. Zu viel lenkt nur vom Schlaf ab.
- Sorgen Sie dafür, dass Ihr Kind in seinem eigenen Zimmer ungestört schlafen kann. Stören auch Sie den Schlaf Ihres Kindes nicht. Schauen Sie nicht ständig nach, ob alles in Ordnung ist. Und halten Sie ebenfalls Geschwister von Störmanövern ab.
- Macht Ihrem Kind etwas zu schaffen (Krankheit, Streit), sagen Sie ihm, dass Sie zum Trösten ans Bett kommen, wenn es aufwacht. Helfen Sie ihm immer, wenn es ruft. Auch bei Albträumen braucht Ihr Kind Trost. Holen Sie es aber nur in Ihr Bett, wenn Sie auf Dauer gern ein »Familienbett« haben möchten. Ansonsten kriechen Sie lieber für eine Weile mit ins Kinderbett.

Wenn Monster keine Ruhe geben

- Hat Ihr Kind Albträume (und die haben viele Kinder zwischen drei und sechs Jahren), braucht es besonderen Trost und Körperkontakt. Zu Albträumen kommt es, wenn Ihr Kind Eindrücken ausgeliefert war, denen es aufgrund seiner Entwicklung noch nicht gewachsen ist. In diesem Fall ist es unbedingt erforderlich, Ursachenforschung zu betreiben und die belastenden Faktoren zu verändern (zu aufregende Fernsehfilme vermeiden, mit Nachbarskindern sprechen, die bedrohlich wirken).

Weitere Einschlafhilfen

- Bieten Sie Ihrem Kind abends, vor dem Zähneputzen, einen Schlummertrunk an: ein Glas warme Milch mit wenig Traubenzucker oder einen Früchtetee.
- Lassen Sie den Tag noch einmal Revue passieren, indem Sie Ihrem Kind eine »Zwergengeschichte« erzählen. Der kleine Zwerg, von dem Sie erzählen, erlebt den Tag noch einmal genau so, wie Ihr Kind ihn erlebt hat: »Morgens um sieben Uhr weckt die Mama den kleinen Zwerg mit einem Kuss. Aber der kleine Zwerg mag nicht aufstehen. Er versteckt sich unter der Bettdecke. Da kitzelt ihn die Mama wach ... Schließlich liegt er wieder in seinem Bett und schlummert sanft ein ...«

LESEN SIE AUCH:
- Angst, Seite 26
- Computer & Co., Seite 35

Schlagen, treten, raufen, drängeln ...

Ist Ihr Kind ein kleiner Rowdy, der bei Kleinigkeiten ausrastet, auf andere losgeht, schlägt, kratzt und beißt? Hinter der wilden Fassade steckt sicher kein bösartiges, sondern ein hilfloses Wesen. Kinder entdecken mit drei oder vier Jahren eigene Interessen und Bedürfnisse – wie sie die am besten durchsetzen können, wissen sie jedoch noch nicht. Da sie sich nicht anders zu helfen wissen, schlagen sie bei entsprechendem Temperament einfach wild um sich. Erreicht Ihr Kind so sein Ziel, wird es beim nächsten Mal wieder so verfahren. Schnell ist es dann als prügelnder Außenseiter abgestempelt, neue Aggressionen kochen hoch. Dulden Sie das aggressive Verhalten nicht: Ihr Kind braucht Grenzen und Orientierung. Nur so kann es lernen, mit Aggressionen umzugehen.

HAND AUFS HERZ

> Rutscht Ihnen ab und zu die Hand aus? Schläge demütigen Kinder, fördern Frust und Aggressionen.
> Suchen Sie nach Möglichkeiten, Konflikte zu lösen. Fragen Sie in Familienbildungsstätten oder beim Kinderschutzbund (siehe Seite 124/125) nach kompetenten Hilfsangeboten.

Der Umgang mit Aggressionen

- Zeigen Sie immer sofort, dass Sie Gewalt ablehnen: Schlagen, beißen, kratzen, treten, schubsen, spucken, jemanden an den Haaren zu ziehen oder ihm anders wehzutun ist verboten.
- Loben Sie gutes Benehmen.
- Schimpfen und strafen Sie nicht. Handeln Sie dafür konsequent: Wer andere mit Sand bewirft, darf nicht mehr mitbuddeln.
- Beobachten Sie, wann es zu Handgreiflichkeiten kommt. Wird Ihr Kind vom überlegenen Spielpartner unterdrückt? Dann suchen Sie neue Gefährten, mit denen es besser klappt.

Tipps für den »Ernstfall«

- Zeigen Sie Ihrem Kind, wie es sich wehren kann. Besser als zurückzuschlagen sind ein »Nein« oder »Lass das!«

> Zeigen Sie Ihrem Kind, wie es sich gewaltfrei Luft machen kann: Raufen Sie zusammen. Machen Sie eine Kissenschlacht. Boxen Sie in die Matratze. Stampfen Sie auf den Boden. Schütteln Sie Arme, Beine und Kopf, bis der Ärger »abfällt«. Spielen Sie wildes Tier, strecken Sie die Zunge weit heraus, brüllen Sie laut.

Konflikte spielerisch lösen

> Trainieren Sie mit Ihrem Kind, im Gespräch seine Interessen klarzumachen. Loben Sie es, wenn es das auch »in echt« schafft.

> Spielen Sie gemeinsam typische Szenen, in denen es zur Auseinandersetzung kommt. Sie sind derjenige, der Ärger macht, Ihr Kind soll den Konflikt lösen. Jede Lösung ist gut, nur geschlagen werden darf nicht. Spielen Sie verschiedene Möglichkeiten durch und besprechen Sie dann, welche sich fürs wirkliche Leben eignet. Zwei Beispiele: Jonas nimmt David das Spielzeug weg. Lösung: David nimmt ein Spielzeug von Jonas (»Gut, dann tauschen wir«). Gefällt Jonas das nicht, muss er David sein Spielzeug zurückgeben. Sina will Lea nicht mitspielen lassen. Lösung: Lea beginnt ein eigenes Spiel. Vielleicht wird Sina neugierig und kommt dazu. Oder Lea fragt Sina nach einer Weile, ob sie mitspielen mag.

LESEN SIE AUCH:

> Gefühle, Seite 48
> Schlechtes Benehmen, Seite 90
> Tyrannen, Seite 108
> Verhaltensauffällig, Seite 117
> Zorn und Wutausbrüche, Seite 122

Schlechtes Benehmen – ganz schön peinlich

Endlich Urlaub! Die erste Reise mit den Kindern. Doch die Freude der Eltern wird schon beim Abendessen im Familienhotel jäh gebremst. Felix (drei Jahre) und Jonas (fünf Jahre) schmieren mit Nudeln und Sauce herum, wischen ihre Tomatenfinger ins weiße Tischtuch, und auf dem tollen Buffet ist nichts vor ihnen sicher. Als sich die ersten Gäste beschweren, bedauern die Eltern schon, sich auf den Urlaub im Hotel eingelassen zu haben. Klar, die beiden Jungs sind noch klein: Eine umgestoßene Milchtasse würde ihnen jeder verzeihen. Perfektes Benehmen, noch dazu in einer fremden Situation, erwartet ja niemand. Doch einige Tischmanieren sollten Kinder schon in diesem Alter kennen, ebenso wie Höflichkeit und Rücksichtnahme. »Bitte«, »Danke«, ein freundliches »Hallo« oder »Guten Abend« und eine etwas gedämpfte Lautstärke, um andere nicht zu stören, sind nicht zu viel verlangt. Doch dazu brauchen Ihre Kinder Sie – als Vorbild und als Leitfigur.

GU-ERFOLGSTIPP

TELEFONIEREN ÜBEN

Das Telefon ist wunderbar geeignet, um höfliches Benehmen und eine gute Ausdrucksweise zu üben. Trainieren Sie spielerisch mit Ihrem Kind – zuerst am Spieltelefon, später auch wenn Sie tatsächlich telefonieren, wenn Ihr Kind die Oma anruft oder bei einem Anruf den Hörer abnimmt.

Gute Manieren üben

Felix und Jonas hätten keine solche Schlacht am kalten Buffet veranstaltet, wenn die Eltern ihnen vorab erklärt hätten, wie es in einem Hotelrestaurant zugeht. Zusätzlich hätten sie die Jungs dort noch an die Hand nehmen und ihnen zeigen können, wie alles funktioniert. Wenn Sie also höfliche, rücksichtsvolle Kinder mit guten Manieren haben möchten, müssen Sie daran arbeiten. Das hat nichts mit strengem Drill zu tun. Aber Sie sollten deutliche Richtlinien geben, an denen sich kleine Leute in den vielen komplizierten Situationen des Alltags orientieren können. Wenn Sie das von Anfang an tun, lernt Ihr Kind vieles ganz nebenbei.

Vom täglichen Umgang miteinander

- Gehen Sie respektvoll und höflich miteinander um. Das ist gut fürs Familienklima – und fürs weitere Leben. Und wer weiß, dass er zu Wort kommt, muss nicht durch schlechtes Benehmen auf sich aufmerksam machen.
- Tun Sie ohne »Bitte« und »Danke« gar nichts. Reagieren Sie nicht, bevor Sie diese »Zauberworte« hören. Erst ein »Bitte« zaubert Apfelsaft ins Glas, und erst das »Danke« sorgt dafür, dass das Glas tatsächlich vor einem stehen bleibt. Denken Sie selbst auch daran, wenn Sie mit Ihrem Kind sprechen, etwa: »Holst du bitte eine Flasche Apfelsaft?«
- Bestehen Sie auf höflichen Begrüßungen. Mag Ihr kleines Kind noch nicht jedem Fremden die Hand geben, kann es immerhin mit dem Kopf nicken. Größere Kinder sollten die Hand reichen. Ein Küsschen auf Kommando muss dagegen keineswegs sein. Zwingen Sie Ihr Kind nicht dazu.
- Benimmt sich Ihr Kind daneben, um Sie herauszufordern, machen Sie es ihm nach: Lümmeln Sie am Tisch, schmatzen Sie,

---

TIPP: Die wichtigsten Benimmregeln in der Familie

Stellen Sie einen Minimal-Benimmcode auf, an den sich in Ihrer Familie alle halten sollten. Etwa so:

1. Wir hören uns gegenseitig zu und lassen uns ausreden.
2. Wir sprechen nicht mit vollem Mund.
3. Wir schreien uns nicht an und werfen uns keine Schimpfwörter an den Kopf.
4. Wir sagen »Bitte«, wenn wir etwas möchten, und »Danke«, wenn wir es bekommen haben.
5. Wir entschuldigen uns, wenn wir jemandem etwas getan haben. Wir schauen ihn dabei an, geben ihm die Hand.
6. Wir begrüßen und verabschieden andere freundlich, am besten geben wir ihnen dabei die Hand.
7. Wir warten mit dem Essen, bis alle am Tisch sitzen.
8. Wir manschen nicht mit Essen herum und schmatzen nicht.
9. Wir bleiben bei einer Mahlzeit ohne Gemecker am Tisch sitzen, bis alle mit dem Essen fertig sind.
10. Wir nehmen beim Husten, Gähnen und Niesen die Hand vor den Mund und bohren nicht im Beisein anderer in der Nase.

fragen Sie demonstrativ »Hä?« statt »Wie bitte?«. Irgendwann wird es dem kleinen Provokateur bestimmt zu dumm.

- Essen Sie so oft wie möglich gemeinsam. Das trainiert Tischmanieren. Decken Sie den Tisch nett. Auch Kinder sollten nicht nur von Plastikteilen, sondern von richtigem Geschirr essen. Legen Sie Servietten parat, um Mund und Finger abzuwischen.
- Halten Sie sich konsequent an Ihre Familien-Tischregeln. Mit schönen Ritualen macht das viel mehr Spaß: Zünden Sie zum Beispiel eine Kerze an. Solange sie brennt, bleiben alle am Tisch sitzen. Oder Sie fassen sich alle an den Händen und sagen einen Tischspruch oder ein kurzes Gebet, bevor die Mahlzeit beginnt.

Öffentliche »Auftritte« üben

- Bewirten Sie gemeinsam Gäste. Laden Sie befreundete Familien ein. Ihr Kind kümmert sich dann um die kleinen Besucher, Sie um die großen. Oder bitten Sie Ihren Sprössling um Mithilfe, wenn Sie selbst Gäste haben. Vielleicht kann er ja Getränke reichen oder etwas abräumen. Er wird garantiert stolz darauf sein und sich absolut top benehmen.
- Gehen Sie zusammen in Restaurants. Stellen Sie vorab klar, welches Benehmen Sie von Ihrem Kind erwarten. Loben Sie es dafür. Brechen Sie den Versuch notfalls aber auch fürs Erste konsequent ab, wenn es nicht klappt.
- Weisen Sie auf Unterschiede zwischen zu Hause und Öffentlichkeit hin. Beim festlichen Essen zu Tante Hildes 70. Geburtstag herrschen strengere Regeln als beim heimischen Abendbrot.
- Überlegen Sie gemeinsam, wie Ihr Kind es schaffen kann, diese Regeln einzuhalten. Nehmen Sie zum Beispiel ein Tischspiel, Würfel oder ein Puzzle mit, so dass es sich allein oder mit anderen Kindern beschäftigen kann. Auch ein neues Malbuch und Buntstifte helfen beim Stillsitzen. Oder Sie lassen Ihr Kind aus Bierdeckeln ein Haus bauen. Eine wunderbare Lösung bei solchen festlichen Anlässen ist ein extra Kindertisch: Dort dürfen auch »Sonderregeln« gelten – und die Kids finden es toll, unter sich zu sein.

LESEN SIE AUCH:

- Machtkämpfe, Seite 74
- Trotzanfälle, Seite 106
- Tyrannen, Seite 108
- Verhaltensauffällig, Seite 117
- Zorn und Wutausbrüche, Seite 122

Schüchternheit: Ständig im Abseits

Fünf Kinder hocken gemeinsam in der Sandkiste, nur Timo (fünf Jahre) weicht kaum von Mamas Seite. Mit Mühe kann sie ihn zum Schaukeln überreden, doch um seine Altersgenossen macht er einen großen Bogen. Solche extrem scheuen, zurückhaltenden Kinder haben meist Probleme mit ihrem Selbstwertgefühl. Sie sind unsicher und fürchten, abgelehnt zu werden. Vielleicht haben sie schon früh schlechte Erfahrungen gemacht und wollen kein »Mit dir spielen wir nicht!« mehr riskieren. Vielleicht haben sie auch nur nie gelernt, wie sie Kontakt zu anderen aufnehmen können.

Offenheit und Selbstvertrauen üben

> Laden Sie ein Kind aus der Nachbarschaft, aus dem Kindergarten oder der Schule als Spielbesuch ein – das ist eine gute Gelegenheit für Ihr Kind, in vertrauter Umgebung Sozialverhalten zu üben. Bieten Sie den Kindern vielleicht anfangs Spiele an, ziehen Sie sich dann aber zurück.
> Nehmen Sie Ihr Kind zu befreundeten Familien mit, gehen Sie gemeinsam in Bastel- oder Kindergruppen. So erlebt es Sie bei der Kontaktaufnahme, und Begegnungen werden nach und nach zur Routine.
> Lassen Sie Ihrem Kind Zeit zum Beobachten, zum Beschnuppern, zum langsamen Vortasten. Setzen Sie es auf keinen Fall unter Druck.
> Ein einfacher Trick: Schüchterne Kinder kommen besser zurecht, wenn sie morgens beziehungsweise nachmittags als Erste im Kindergarten oder in der Turngruppe sind.

HAND AUFS HERZ

Wie kontaktfreudig sind Sie? Fällt es Ihnen leicht, Fremde anzusprechen? Fühlen Sie sich in Gruppen wohl, oder stehen Sie öfter abseits? Vielleicht ist Ihr Kind ein bisschen wie Sie. Akzeptieren Sie das.

LESEN SIE AUCH:

> Angst, Seite 26
> Klammern, Seite 60
> Unselbstständigkeit, Seite 116

Schulanfang: Start in den »Ernst des Lebens«

Endlich geht es los! Schluss mit dem Kindergarten und rein ins »richtige Leben«. Die meisten Kids können ihren ersten Schultag kaum erwarten. Aber es gibt auch andere, die dem großen Ereignis mit gemischten Gefühlen entgegensehen. Schulfähig sind sie, keine Frage – aber da sind einige Kleinigkeiten, die sie ängstigen, vielleicht auch noch überfordern: das Stillsitzen zum Beispiel oder neue Kontakte zu knüpfen. Manchmal fehlt auch ein bisschen Selbstbewusstsein, um sich in einer großen Gruppe von Gleichaltrigen gut behaupten zu können. Schließlich sind nicht alle Sechsjährigen in ihrer sozialen Reife gleich weit. Jedes Kind entwickelt sich anders und in seinem ureigenen Rhythmus.

GU-ERFOLGSTIPP

LERNGESCHICHTEN SCHREIBEN

Legen Sie gemeinsam ein Lerngeschichtenbuch an. Hier werden Zeichnungen Ihres Kindes gesammelt und seine Erfahrungen in der Schule dokumentiert: ein schön geschriebenes Wort, eine Mathe-Gleichung, eine Sporturkunde, Fotos, kleine Anekdoten ... Ein kostbarer Schatz, auch für spätere Jahre!

Stark machen für die Schule

Gehört Ihr Kind zu den Spätstartern, braucht es jetzt ganz besonders Ihre liebevolle Unterstützung. Geben Sie ihm Mut und Stärke für den großen Tag und die neuen Herausforderungen, die vor ihm liegen. Doch auch bei Kids, die in all diesen Dingen keine Probleme haben und dem Schulstart entgegenfiebern, läuft nicht immer alles ganz glatt. Ein tiefer Einschnitt ist die Einschulung auf jeden Fall – nicht nur für den ABC-Schützen, sondern für die ganze Familie. Der gesamte Alltag verändert sich grundlegend, und das erfordert etwas Vorbereitung und vorausschauende Planung.
Versuchen Sie, praktische und organisatorische Dinge gut in den Griff zu bekommen. So kann Ihr Kind sich voll auf Buchstaben, Zahlen und das soziale Miteinander in der Klasse konzentrieren. Dann kommt auch der Spaßfaktor nicht zu kurz, der die Kids schließlich am besten motiviert und für Lernerfolge sorgt.

Gut organisiert in den Schulalltag

- Machen Sie Ihr Kind mit seinem Schulweg vertraut. Die ersten Tage werden Sie es sicher noch begleiten. Aber wahrscheinlich will Ihr Sprössling schon bald allein oder mit Klassenkameraden zur Schule gehen. Zeigen Sie ihm deshalb den besten Weg und laufen Sie ihn gemeinsam mit Ihrem Kind mehrere Male ab. Weisen Sie dabei auf Verkehrsregeln, Ampeln und Zebrastreifen hin.
- Üben Sie morgendliche Routine ein: Ihr Kind muss pünktlich in der Schule sein. Das wird ihm anfangs sicher schwer fallen. Trainieren Sie schon einige Wochen vor dem Schulstart den Ablauf. Planen Sie dabei genug Zeit fürs Frühstück ein.
- Lassen Sie »Keine Lust« nicht länger gelten. In der Schule geht es nicht mehr nach Lustprinzip. Üben Sie mit Ihrem Kind, solche »Null-Bock-Phasen« zu überwinden: Spielen Sie ein Brettspiel immer zu Ende. Lesen Sie ein Buch oder ein Kapitel ganz durch. Lassen Sie Ihr Kind aufräumen, bevor es etwas Neues beginnt.

TIPP: Extras für die »Zuckertüte«

Schöne Buntstifte, ein witziger Radiergummi, der Farbkasten für die Schule, ein reflektierender Anhänger für den Anorak, eine Kassette mit Liedern für ABC-Schützen, eine Trinkflasche für die Pause, Haarspangen, kleine Bücher, eine Tasche für die Busfahrkarte oder Namensschilder.

So motivieren Sie Ihr Kind

- Wecken Sie Neugier auf die Schule. Erzählen Sie Ihrem Kind, was es dort alles erleben und erfahren wird. Machen Sie Lust aufs Lernen und schüren Sie keine Ängste.
- Kaufen Sie gemeinsam für die Schule ein. Lassen Sie Ihr Kind seinen Schulranzen selbst aussuchen und dann stolz auf dem Rücken nach Hause tragen. Eine Liste mit Arbeitsmaterial bekommen Sie in der Regel von der Schule. Besorgen und beschriften Sie die Dinge gemeinsam. Und dann kann Ihr Kind seinen Ranzen schon mal packen.
- Fördern Sie Kontakte zu anderen Kindern. Vor allem zu zukünftigen Klassenkameraden, aber auch zu Erwachsenen. Vielleicht kann Ihr Sprössling allein kleine Besorgungen machen. Oder Spielkameraden in der Nachbarschaft ohne Ihre Begleitung besuchen. Trauen Sie ihm etwas zu.

LESEN SIE AUCH:

> Hausaufgaben, Seite 52
> Lernprobleme, Seite 68
> Linkshänder, Seite 70
> Unselbstständigkeit, Seite 116

So bereiten Sie Ihr Kind gut auf die Schule vor

> Sprechen Sie klar und deutlich, und achten Sie auch bei Ihrem Kind darauf. Formen Sie die Laute bewusst. Betonen Sie einzelne Silben hörbar. Besonders gut geht das beim Vorlesen.
> Regen Sie Ihr Kind zum »Schreiben« an: Würdigen Sie Kritzeleien und Schreibversuche jeder Art. Schenken Sie ihm ein Heft oder ein leeres Buch, das es mit Bildern, Gekritzel und vielleicht auch schon mit einzelnen Buchstaben füllen kann.
> So trainiert Ihr Kind seine Feinmotorik: Lassen Sie es kneten, zeichnen, schneiden, reißen, falten, kleben, Perlen auffädeln.
> Wichtig auch für die Feinmotorik und fürs praktische Leben: Knöpfe unterschiedlicher Größe auf- und zumachen, Reißverschlüsse schließen, Schleifen binden. Malen Sie die Umrisse eines Kinderfußes auf stabile Pappe, schneiden sie aus und stechen am Rand sechs Löcher, jeweils gegenüber, hinein. Eine bunte Kordel über Kreuz hindurchziehen – fertig ist der »Übungsschuh«.

TIPP: Was ABC-Schützen können sollten

Die Schule stellt spezielle Anforderungen an ABC-Schützen. Darin sollte Ihr Kind zu Schulbeginn auf jeden Fall fit sein:

> Ihr Kind sollte seinen Körper beherrschen (balancieren, auf einem Bein hüpfen, rückwärts gehen, Hampelmann machen).
> Es sollte über Fingerfertigkeit verfügen: Striche und Kringel malen, mit der Schere an einer Linie entlangschneiden, Papier reißen und falten, Knöpfe öffnen und schließen, mit Kleber umgehen, Perlen auffädeln, Mikado spielen können.
> Die sinnliche Wahrnehmung (sehen, hören, tasten, fühlen) sollte funktionieren.
> Ihr Kind sollte logisch denken und frei erzählen können.
> Es sollte selbstsicher genug sein, sich vor anderen zu Wort zu melden, seine Meinung und seine Wünsche zu äußern.
> Es sollte neugierig sein, eine gewisse Ausdauer haben, sich konzentrieren und sich etwas merken können.
> Es sollte kontaktfreudig sein, Kinder wie Erwachsene ansprechen, sich in eine Gruppe einfügen und Regeln einhalten können.
> Es sollte Anweisungen folgen und Konflikte aushalten können, kompromissbereit sein und sich unter Kontrolle haben.

Suppenkasper: Immer dieses Gemäkel!

»**Das mag ich aber nicht!**« Ein Satz, der vielen Eltern regelmäßig den Appetit verdirbt. Statt der gemütlichen Familienmahlzeit gibt's dann wieder nervige Endlos-Diskussionen. Oder Mama zaubert für Junior schnell etwas anderes auf den Teller.
Wenn es nach den Kids ginge, kämen zumeist Nudeln, Hamburger, Pommes frites, Cola und Gummibärchen auf den Tisch. Gemüse, Salat, Obst und Milch – darauf könnten viele gut verzichten. Sie essen zu viel Süßes und zu viele tierische, meist fettreiche Lebensmittel, aber zu wenig pflanzliche. Immer mehr kleine Leute kämpfen mit Übergewicht: 15 bis 20 Prozent aller Schulkinder sind hierzulande bereits zu dick! Dabei sind unsere Wohlstandskinder trotz Babyspeck mit wichtigen Nährstoffen unterversorgt, wie die Deutsche Gesellschaft für Ernährung immer wieder warnt.
Hier sind Sie als Eltern gefordert, denn das Essverhalten wird bereits in jungen Jahren nachhaltig geprägt. Ob ein Kind mit Fastfood oder Vollwert aufwächst, ist langfristig entscheidend für Gewicht, Gesundheit, Wohlbefinden und Leistungsfähigkeit.

Gesunde Essgewohnheiten

> Ignorieren Sie Gemäkel: Gegessen wird, was auf den Tisch kommt. Kochen Sie eine Mahlzeit für die ganze Familie. Wer etwas partout nicht mag, etwa ein Gemüse oder Pilze, darf es weglassen und sich dafür an Nudeln, Brot, Kartoffeln & Co. satt essen – statt an Süßigkeiten nach der eigentlichen Mahlzeit.
> Erfüllen Sie Essenswünsche: Jeder darf sich mal sein Leibgericht wünschen, und alle essen mit. Viele Lieblingsspeisen lassen sich auch in einer vollwertigen, gesunden Version zubereiten.

HAND AUFS HERZ

> Welches sind Ihre Lieblingsspeisen? Was kommt nie auf den Teller?
> Frühstücken Sie morgens in Ruhe mit Ihrem Kind?
> Wie oft sitzt die Familie gemeinsam gemütlich am Tisch?

LESEN SIE AUCH:
> Hilfe im Haushalt, Seite 54
> Schlechtes Benehmen, Seite 90
> Süßigkeiten, Seite 99

- Beziehen Sie Ihr Kind in die Vorbereitungen der Mahlzeiten ein: Planen und Einkaufen sind wichtige Aufgaben, die Spaß machen. Wenn Ihr Kind auch noch selbst mit schneidet und rührt, schmeckt es ihm später bestimmt.
- Kinder haben ein intensives Geschmacksempfinden. Sehr scharfe Gewürze und ausgefallene Aromen sind nicht ihre Sache.
- Kochen Sie mit Fantasie. Gemüse lässt sich gut in einer pürierten Cremesuppe verstecken oder roh bunt gemixt auf Spieße stecken. Frisches Obst süßt Quarkspeisen.
- Selbst gekochten Pudding, Grießbrei, Joghurt und Obst lieben die meisten Kinder. Aber: Den leckeren Nachtisch gibt's wirklich nur dann, wenn vorher auch Kartoffeln und Gemüse gegessen wurden.
- Machen Sie Ihre Mahlzeiten zum täglichen Fest. Ein schön gedeckter Tisch und eine entspannte Atmosphäre sind gute Zutaten für ein gelungenes Familienessen. Da schmeckt es allen gleich noch mal so gut! Ganz nebenbei probiert Ihr Kind sicher das eine oder andere, was es bisher nie gegessen hat.

Die richtige Mischung macht's

Das Forschungsinstitut für Kinderernährung in Dortmund empfiehlt eine »optimierte Mischkost«. Dazu gehören:

- reichlich pflanzliche Nahrungsmittel wie Obst, Gemüse, Vollkornprodukte, Hülsenfrüchte; frisch, naturbelassen, vollwertig,
- mäßig tierische Nahrungsmittel wie Fleisch, Fisch und Eier,
- möglichst sparsam eingesetzte fett- und zuckerreiche Lebensmittel,
- ausreichend kalorien- und zuckerarme Getränke wie Wasser, Tee und Schorlen.

Eine solche Ernährung tut der ganzen Familie gut. Dann sind auch ab und zu kleine kulinarische Sünden oder Abstecher ins Fastfood-Schlaraffenland gestattet.

Süßigkeiten: Lust und Last

Schokolade, Bonbons, Gummibärchen – solchen süßen Versuchungen kann kein Kind widerstehen. Kommt dann noch der versteckte Zucker in Säften, Cornflakes, Fruchtjoghurt oder Müsliriegeln hinzu, ist die unbedenkliche Tagesration von 150 bis 200 Kalorien (das entspricht 15 bis 20 Stück Würfelzucker oder neun Bonbons) schnell überschritten. Wer früh auf den Geschmack gebracht wird, kann später kaum gegen seinen chronischen Appetit auf Süßes ankämpfen. Üben Sie mit Ihrem Kind den bewussten Umgang mit Süßem, dann darf die ganze Familie auch mal kleine Sünden genießen – ohne schlechtes Gewissen.

Naschen mit Köpfchen

- Kategorisch alles Süße zu verbieten ist keine Lösung. Denn die »verbotenen Früchte« schmecken immer am besten.
- Lassen Sie Süßes nicht herumliegen. Die Verlockung ist einfach zu groß. Sammeln Sie Süßigkeiten und süße Geschenke in einer Naschkiste. Einmal täglich darf sich jeder etwas daraus nehmen.
- Bieten Sie Ersatz an: Trockenfrüchte, Studentenfutter und etwas frisches Obst stillen auch den Appetit auf Süßes.
- Achten Sie auf gesunde Zwischenmahlzeiten – oder zumindest herzhafte. Wie wär's mit einem Vollkornbutterbrot, Salzstangen oder Reiswaffeln und Vollkornkeksen statt Schokoplätzchen? Auch Gurken- und Paprikastreifen lassen sich gut knabbern.
- Setzen Sie Süßigkeiten nicht als Belohnung oder Trostpflaster ein. Zeit für die Familie statt Süßes sollte die Devise sein.
- Süßes sollte auch nicht als »Nervennahrung« herhalten oder beim Fernsehen nebenbei in Unmengen verschlungen werden.

LESEN SIE AUCH:

> Konsumrausch, Seite 62
> Suppenkasper, Seite 97

Toilette: Immer noch Windeln?

Seit es Wegwerfwindeln gibt, werden kleine Leute immer später sauber. Und jedes Kind hat dabei sein eigenes Tempo. Das eine geht mit 20 Monaten schon selbstständig auf die Toilette, das andere erst mit drei Jahren. Das eine ist tagsüber schon früh trocken, braucht aber nachts noch lange eine Windel. Ein anderes verzichtet von einem Tag zum anderen ganz darauf, ohne dass ein Malheur passiert.
Irgendwann lernen es alle – darauf sollten Sie als Eltern einfach gelassen vertrauen. Haben Sie Geduld! Schließlich ist es eine große Leistung für Ihr Kind. Etwa zwischen dem 18. und 36. Monat lernt es zwar, seine Schließmuskeln zu kontrollieren. Doch das allein reicht noch nicht. Es muss auch Anzeichen für ein »Bedürfnis« rechtzeitig erkennen und dann schnell genug handeln. Oft sind Kinder einfach viel zu sehr in ihr Spiel vertieft, um rechtzeitig auf die Toilette zu kommen – da kann schon mal etwas danebengehen. Machen Sie kein großes Aufheben darum. Sie haben ja bestimmt eine Waschmaschine. Und irgendwann klappt's sicher!

LESEN SIE AUCH:
> Bettnässen, Seite 31
> Kindergartenstart, Seite 58
> Unselbstständigkeit, Seite 116

Trocken werden ohne Stress

Wenn der erste Tag im Kindergarten naht, versuchen die meisten Mütter, ihr Kind wenigstens tagsüber trocken zu bekommen. Leider üben sie oft Druck aus, so dass Versuche buchstäblich in die Hose gehen. Weniger Stress wäre für alle Beteiligten gut! Schließlich verliert kein Knirps seinen Kindergartenplatz, weil er es nicht jedes Mal schnell genug zur Toilette schafft. Sprechen Sie mit der Leiterin, wie eng die Windelregel in der Tagesstätte gesehen wird.

Vielleicht haben Sie auch die Möglichkeit, Ihr Kind noch ein paar Wochen zu Hause zu lassen. Ist das nicht machbar, weil Sie – zum Beispiel wegen Berufstätigkeit nach der Elternzeit – sofort auf den Kindergartenplatz angewiesen sind, lassen Sie Ihren Sprössling schon einige Zeit vorher tagsüber ohne Windel herumlaufen. Sprechen Sie das Problem unbedingt offen an. Die meisten Erzieherinnen haben Verständnis dafür. Und eine Tasche mit Ersatzkleidung löst das praktische Problem.

Die ersten Versuche auf Toilette oder Topf

- Frühestens mit zwei Jahren lohnen sich erste Versuche. Will Ihr Kind partout nicht, warten Sie noch weiter ab. Machen Sie auf keinen Fall Druck. Aber unterstützen Sie Ihren Sprössling jederzeit, wenn er von sich aus die Windel ablegen möchte. Auch wenn es für Sie umständlich ist – lassen Sie ihn gewähren.
- Schließen Sie sich selbst nicht ein. Eine offene WC-Tür ist sicher erst einmal gewöhnungsbedürftig. Aber Ihr Kind beobachtet Sie und ahmt Sie nach. Lassen Sie es öfter mal zugucken. Vielleicht hat es dann Lust, sich auch auf die Toilette zu setzen.
- Bestehen Sie nicht auf dem Töpfchen. Manche Kinder finden es toll, andere mögen es gar nicht. Sie möchten viel lieber gleich auf die richtige Toilette gehen. Es gibt inzwischen Kinderaufsätze dafür, die mit Hocker davor oder sogar mit kleiner Treppe toll für Knirpse sind. Falls Ihr Kind ohne den Sitz wie die Großen sitzen mag, akzeptieren Sie dies und halten Sie es anfangs notfalls fest.
- Zwingen Sie Ihr Kind keinesfalls, stundenlang auf dem Töpfchen oder der Toilette zu sitzen. Viele kleine Leute haben dafür einfach keine Zeit und entwischen mit heruntergezogener Hose schnell wieder ins Kinderzimmer. Kein Wunder, wenn dann was auf dem Teppich landet. Lassen Sie Ihr Kind selbst bestimmen, wie lange es sitzen bleiben möchte. Vielleicht mag es dabei etwas in der Hand halten oder ein Bilderbuch ansehen, weil Papa immer mit der Zeitung auf dem Klo sitzt. Vielleicht will es aber auch nur ganz kurz auf die Toilette, wenn es absolut nötig ist.

GU-ERFOLGSTIPP

EINE PUPPE ZUM LERNEN

Schenken Sie Ihrem Kind eine Babypuppe, die ihre Windeln nass macht, wenn sie ihr Fläschchen bekommen hat. Solche Puppen sind ein tolles Spielzeug in diesem Alter. Ihr Sprössling kann sie nämlich auch auf ein passendes Töpfchen setzen – das reizt dazu, es selbst auszuprobieren.

Trennung der Eltern: Ende der Welt?

Michel (vier Jahre) hat Probleme im Kindergarten. Er ist unausgeglichen, an manchen Tagen sogar aggressiv. Auch Sprachstörungen zeigen sich seit einigen Monaten. Das alles ist so untypisch für den sonst fröhlichen Jungen. Deshalb bittet die Erzieherin die Mutter um Hilfe – und erfährt, dass Michels Vater ausgezogen ist. Aber warum reagiert Michel so? Schließlich hat sich sein Vater früher auch kaum um ihn gekümmert.

Kinder haben ein feines Gespür: Sie merken schnell, wenn etwas nicht stimmt. Michels Eltern haben viel gestritten, die Stimmung war gereizt, der Vater kaum zu Hause, die Mutter oft traurig. Michel spürt die Veränderung, fürchtet den völligen Verlust des Vaters. Sein Verhalten drückt Hilflosigkeit und Ohnmacht aus.

Die Trennung der Eltern wirft Kinder aus der Bahn. Sie reagieren oft mit Ängsten, wilden Fantasien, Aggressionen, Einnässen, Sprachstörungen, Hilflosigkeit, häufigem Weinen und Stagnation in der Entwicklung. Manche flüchten sich in andere Welten, etwa als »Prinzessin im Märchenschloss«. Andere reagieren mit Wutanfällen, Machtgebaren oder fallen in frühere Entwicklungsstufen zurück. Manche fühlen sich schuldig: Sie glauben, die Eltern hätten sich getrennt, weil sie nicht brav waren. Kinder können das, was zwischen Eltern geschieht, nicht verstehen, selbst wenn es ihnen erklärt wird. Das Wichtigste ist jetzt, dass sie so schnell wie möglich wieder einen verlässlichen Rahmen bekommen. Sie brauchen Halt und Schutz. Sie müssen wissen, bei wem sie wohnen und wann sie den anderen Elternteil besuchen können. Sie sollten erleben, dass ihre Eltern weiter für sie da sind – und trotz der zerbrochenen Familie noch miteinander reden und sich respektieren.

LESEN SIE AUCH:

> Klammern, Seite 60
> Trotzanfälle, Seite 106
> Verhaltensauffällig, Seite 117
> Zorn und Wutausbrüche, Seite 122

So verkraftet Ihr Kind die Trennung

- Sagen Sie Ihrem Kind, dass die Trennung nichts mit ihm zu tun hat: »Papa und Mama haben sich nicht mehr lieb, aber dich haben wir beide sehr, sehr lieb. Daran wird sich auch nichts ändern.«
- Bemühen Sie sich Ihrem Kind gegenüber um Objektivität. Machen Sie den anderen nicht schlecht, Ihr Kind liebt nach wie vor beide und darf deshalb kein schlechtes Gewissen entwickeln.
- Benutzen Sie Ihr Kind nicht als »seelischen Müllabladeplatz«.
- Geben Sie Ihrem Kind jetzt besonders viel Wärme, Zuwendung, Sicherheit und Verständnis. Sorgen Sie dafür, dass es das möglichst auch vom anderen Elternteil bekommen kann.
- Sprechen Sie mit der Erzieherin im Kindergarten, auch sie kann Ihrem Kind helfen.
- Schaffen Sie es nicht allein, suchen Sie eine Beratungsstelle auf. Damit die Trennung so friedlich wie möglich verläuft, können Sie eine Scheidungsvermittlung anrufen (im Telefonbuch unter Familien- oder Psychosoziale Beratungsstelle). Treffen Sie Ihren Kindern zuliebe verlässliche Absprachen (siehe Kasten).

TIPP: Sinnvolle Vereinbarungen

- An Geburtstagen sind beide Eltern zum Feiern (zumindest für kurze Zeit) dabei.
- Klären Sie, dass keiner von Ihnen alles erlaubt und große Geschenke macht.
- Der Elternteil, bei dem das Kind nicht wohnt, wird regelmäßig besucht. Lassen Sie Ihr Kind auch regelmäßig mit ihm telefonieren.
- Auch wenn man nicht mehr miteinander leben will, kann man miteinander reden – wenigstens wenn die Kinder anwesend sind.
- Wenn der Schock noch sehr tief sitzt, bitten Sie Großeltern oder andere Verwandte, die Überbringung des Kindes zu regeln.
- Reden Sie mit Ihrem Kind über die Trennung. Überfordern Sie es aber nicht mit Details und Einzelheiten.

Trödeln: Dauernd zu spät dran!

Jeden Morgen dasselbe Spiel: Jan (vier Jahre) trödelt so lange herum, bis Mama der Kragen platzt – sie muss doch ins Büro! Aber jeden Morgen kommen sie erst in letzter Minute aus dem Haus. Im Kindergarten bleibt deshalb auch keine Zeit, sich in Ruhe zu verabschieden. Kein guter Start in den Tag! Und das, obwohl eigentlich genug Zeit gewesen wäre.

Solche Szenen bringen Eltern regelmäßig auf die Palme. Dabei ist das Problem einfach die Unvereinbarkeit von Welten: Auf der einen Seite die der Erwachsenen mit tickenden Uhren und exakt geplanten Terminen und zahlreichen Verpflichtungen. Auf der anderen die Welt des Kindes, zeit- und ziellos, in der alles für kleine Ewigkeiten stillzustehen scheint.

Frühestens in der Schulzeit entwickeln die Kids eine Art Zeitgefühl. Bis dahin leben sie in ihrem eigenen Hier und Jetzt, kennen nur den Augenblick, können nicht vorausplanen. Wenn sie auf dem Weg zum Bad ein Bilderbuch finden, vergessen sie sofort das Zähneputzen. Und erst Mamas »Wo bleibst du denn?« fünf Minuten später reißt sie wieder davon weg.

Trotzdem sollten Sie sich fragen, ob hinter den Trödeleien Ihres Kindes mehr stecken könnte. Vielleicht möchte es Ihre Aufmerksamkeit auf sich ziehen, weil gerade ein neues Geschwisterchen gekommen ist. Oder Ihr Sprössling fühlt sich im Kindergarten noch unsicher und will die Abfahrt hinauszögern. In solchen Fällen soll das Trödeln Ihnen lediglich zeigen: Ich brauche Hilfe. Reagieren Sie darauf, dann wird das Trödeln wieder weniger. Und falls sich trotz allem nichts ändert, braucht Ihr Kind vielleicht doch einfach noch ein wenig mehr Zeit.

LESEN SIE AUCH:
› Schulanfang, Seite 94
› Zeitdruck, Seite 120

Trödeln nach Plan

- Ist das Trödeln ein Hilferuf, sollten Sie Ihrem Kind mehr Aufmerksamkeit schenken: eine Extraportion Zeit und Zuwendung nur für dieses Kind allein.
- Vertrödeln Sie mal zusammen einen ganzen Sonntag. Lassen Sie sich mit allem viel Zeit und leben Sie in den Tag hinein. Am Montag muss dann alles wieder schneller gehen.
- Kalkulieren Sie anders: Wer mit kleinen Kindern pünktlich sein will, muss entsprechend planen. Auch wenn's schwer fällt: Stehen Sie selbst etwas früher auf oder beginnen Sie eher mit den Vorbereitungen zum Aufbruch. Lassen Sie sich auch auf dem Weg Zeit, um hier und da mal zum Gucken stehen zu bleiben.

Zum Pünktlichsein motivieren

- Wecken Sie Neugier und Vorfreude auf das, was kommt: »Heute bastelt ihr Laternen im Kindergarten.« Oder: »Guck mal, der Brunnen da vorn.« Solche Anreize wirken oft motivierend.
- Veranstalten Sie einen Wettkampf: Mal sehen, wer zuerst fertig ist – du oder ich! Das spornt an. Und wenn Sie Ihrem Kind eine Chance lassen, hat es tolle Erfolgserlebnisse.
- Verteilen Sie Turbo-Punkte. Wer fix ist, bekommt bunte Punkte oder Sterne zum Aufkleben. Wer trödelt, geht leer aus. Wer zehn gesammelt hat, bekommt eine vorher abgesprochene Belohnung, etwa eine Fahrradtour mit Picknick.
- Üben Sie Zeitplanung. Im letzten Jahr vor der Schule sollte Ihr Kind langsam lernen, mit Zeit umzugehen. Sonst wird es dann morgens hektisch. Stellen Sie ihm für verschiedene Tätigkeiten – zum Beispiel das Anziehen am Morgen – einen Wecker. Trainieren Sie früheres Aufstehen und einen Routineablauf (aufstehen, anziehen, frühstücken …).
- Bleiben Sie gelassen. Schimpfen nützt gar nichts. Atmen Sie lieber tief durch und lassen Sie sich nicht stressen.

TIPP: Lernen durch Erfahrung

Wer trödelt, verpasst einiges im Leben. Er kommt vielleicht nicht mehr in den Kindergarten hinein, denn die Tür ist bereits verschlossen. Manche Kinder müssen das erst mal hautnah erleben. Wenn Sie selbst morgens pünktlich zur Arbeit müssen, ist das natürlich keine Lösung – dann packen Sie Ihr Kind vielleicht tatsächlich einfach mal im Schlafanzug und ohne Frühstück ins Auto, wenn es zu lange getrödelt hat (und geben der Erzieherin im Kindergarten die Kleidung Ihres Kindes und ein Pausenbrot).

Trotzanfälle: Wenn der Bock stößt ...

Im Supermarkt kennt man Lorenz (drei Jahre) inzwischen. Mehrmals hat er sich dort brüllend und strampelnd auf der Erde gewälzt. Die Sprüche anderer reichten von »Das arme Kind!« bis hin zu »Dem fehlt nur eine ordentliche Tracht Prügel!«.

In der Trotzphase, etwa zwischen 18 Monaten und drei Jahren, ist ein Kind oft fast unerträglich. Aber es braucht diese Phase – Pädagogen sprechen von Autonomiephase –, um sein Ich zu entwickeln. Es ist die erste Rebellion in seinem Leben: gegen die Eltern, Grenzen, die Welt der Erwachsenen, für die es noch viel zu klein ist, gegen seine eigenen Gefühle, die es noch nicht begreift. Schimpfen und Strafen nützen nichts, sondern machen wütende Zwerge nur noch trotziger. Versuchen Sie es ruhig durchzustehen. Selbst bei den heftigsten Trotzern ist mit spätestens sechs Jahren alles vorbei. Man sagt außerdem, dass die schlimmsten der Minirebellen dafür in der Pubertät nicht mehr so anstrengend sind ...

So entschärfen Sie die Situation

- Machen Sie Ihren Gefühlen möglichst oft Luft – etwa im Gespräch mit Ihrem Partner oder einer Freundin. Üben Sie sich bei den Anfällen Ihres Kindes in Gelassenheit: Tun Sie gar nichts.
- Wenn Ihr Kind statt der Mütze das Stirnband aufsetzen möchte – warum nicht? Sie verringern so das Risiko von Ausrastern. Und Ihr Kind merkt, dass es ernst genommen wird.
- Gehen Sie kritischen Situationen aus dem Weg. Wann tobt Ihr Kind besonders schnell? Bei Lärm, Übermüdung, Menschenmengen? Im Supermarkt? Gehen Sie in diesem Fall möglichst allein einkaufen, vielleicht abends, wenn Papa zu Hause ist.

LESEN SIE AUCH:

› Tyrannen, Seite 108
› Zorn und Wutausbrüche, Seite 122

- Machen Sie Ihr Kind zum Einkaufshelfer. Beschäftigen Sie es im Supermarkt mit kleinen Aufträgen: »Pack doch bitte mal die Milch in den Wagen.« Oder: »Wo waren noch mal deine Lieblingskekse?« Ihr Kind kommt sich wichtig vor und ist beschäftigt.
- Brüllen nie belohnen: Tobt Ihr Kind, gibt's kein Nachgeben, keine Kompromisse. Sonst haben Sie für lange Zeit verloren.
- Sagen Sie sich immer wieder: »Der Trotz meines Kindes hat nichts mit mir persönlich zu tun. Ich bin dafür nicht verantwortlich. Ich bleibe ganz ruhig!«
- Zeigen Sie Ihrem Kind Auswege auf. Vielleicht: »Ich will jetzt noch zum Bäcker, wo es die leckeren Brezeln gibt. Wenn du dich beruhigt hast, kannst du ja mitkommen.«

Tipps für den »Ernstfall«

- Besteht die Gefahr, dass Ihr Kind sich selbst oder andere verletzt, in seiner Wut Dinge zerstört, müssen Sie eingreifen.
- Verlassen Sie notfalls den Ort des Geschehens: Tragen Sie Ihr Kind ins Auto. Es darf erst wieder raus, wenn es sich beruhigt hat. Zu Hause lassen Sie es sich allein austoben. Gehen Sie in ein anderes Zimmer und atmen Sie tief durch.
- Lassen Sie sich nicht von anderen provozieren. Ignorieren Sie Bemerkungen oder kontern Sie: »Ich finde, das macht mein Kleiner toll! Hat er auch lange geübt.« Oder: »Interessanter Vorschlag. Das werde ich mit dem Vater des Kindes diskutieren!«
- Stecken Sie ein süßes Kinderfoto ins Portemonnaie. Kommt's ganz dick, werfen Sie einen Blick drauf: Ihr Kind ist trotzdem toll! Trotz zeugt auch von Willensstärke.
- Reden Sie mit Ihrem Kind. Nach dem Aufruhr braucht es Zärtlichkeit. Nutzen Sie das Kuscheln, um in Ruhe zu fragen: »Warum warst du so außer dir? Wie können wir diese Szenen verhindern?«

Tyrannen: Täglich gibt es Terror!

Sie lassen sich spätabends im Auto spazieren fahren, bis sie endlich gnädig einschlafen. Sie weigern sich, ihre Haare bürsten zu lassen, wenn dabei nicht der Fernseher läuft. Was immer für Schikanen sich die kleinen Tyrannen ausdenken: Ihre Familien können sie damit an den Rand des Wahnsinns treiben. Lassen Sie es nicht so weit kommen. Wenn Ihr Kind schon im Windelalter merkt, dass jeder Wunsch erfüllt wird, haben Sie bald einen kleinen König über sich. Lassen Sie sich als Eltern das Zepter nicht aus der Hand nehmen: Kinder brauchen von klein auf klare Grenzen.

Grenzen setzen – besser zusammenleben

> Setzen Sie eindeutige Grenzen. Für Ihr Kind, für die ganze Familie, aber auch für sich selbst. Ab wann geht etwas für Sie endgültig zu weit? Weichen Sie nicht davon ab – auch nicht, weil Sie müde sind, weil Ihr Kind nervt oder versucht, Sie zu erpressen.
> Keine leeren Drohungen. Kündigen Sie nur Konsequenzen an, die Sie durchsetzen können. Und: Reden Sie nicht, handeln Sie.
> Sagen Sie Ihrem Kind, dass Sie nicht auf Erpressungen eingehen. Und loben Sie es, wenn es damit aufhört.
> Herrschsüchtiges Verhalten darf sich nicht lohnen! Lassen Sie Ihren kleinen Tyrannen links liegen, fahren Sie in Ihren Aktivitäten und Gesprächen ohne ihn fort. Bestimmt macht ihn das noch wütender, doch bald merkt er, dass er so nicht weiterkommt. Beachten Sie ihn erst wieder, wenn er sich »normal« verhält.
> Bleiben Sie bei alledem ruhig und sachlich. Werden Sie trotzdem mal laut, entschuldigen Sie sich bei Ihrem Kind. Schließlich sind Sie kein Erziehungsroboter, sondern auch nur ein Mensch.

LESEN SIE AUCH:

> Trotzanfälle, Seite 106
> Ungehorsam, Seite 112
> Zorn und Wutausbrüche, Seite 122

Überfordert – unterfordert?

Zwischen Töpfern, Kreativkurs und Musikalischer Früherziehung bleibt vielen Kids heute kaum Zeit zum Spielen und zum Verarbeiten des Erlebten. Je nach Temperament igeln sie sich überfordert ein oder nerven überdreht ihre Umwelt. Oft sind auch Schlafstörungen, Appetitlosigkeit, Bauch- oder Kopfschmerzen die Folge. Auf der anderen Seite fehlt es Kindern, die von ihren Eltern überbehütet werden oder deren Eltern sich aus Zeitmangel oder Unkenntnis zu wenig mit ihnen beschäftigen, an Anregungen für ihre Entwicklung. Unterfordert hungern sie nach neuem »Futter« für ihren Geist. Bekommen sie es nicht, resignieren sie und verkümmern, oder sie lehnen sich auf. Jedes Extrem schadet Kindern. Die Kunst ist es, den goldenen Mittelweg zu finden. Das Gehirn wird in den ersten zehn Lebensjahren entscheidend geprägt – wer sich in dieser Zeit mit vielen verschiedenen Dingen auseinandersetzt, dem fällt später das Lernen leichter. Eine Förderung schon im Vorschulalter ist daher durchaus sinnvoll. Doch wie sie genau aussehen soll, dafür kann es keine generellen Empfehlungen geben. Schließlich hat jedes Kind seine ganz persönlichen Interessen, Stärken, Schwächen sowie Grenzen der Belastbarkeit. Hat Ihr Sprössling nur mal einen schlechten Tag, ist das noch kein Grund, aus einem angefangenen Kurs ganz auszusteigen. Doch wenn Kids ständig keine Lust zu etwas haben, sollten Sie sie nicht dazu zwingen. Der Spaß sollte nie auf der Strecke bleiben.

HAND AUFS HERZ

> Drängen Sie Ihr Kind vielleicht in etwas hinein, wovon Sie früher selbst geträumt haben? Wollten Sie ein großer Fußballspieler werden? Oder eine gefeierte Balletttänzerin? In Ordnung. Aber lassen Sie Ihrem Kind seine eigenen Träume.

> Brauchen Sie die Aktivitäten Ihres Kindes für soziale Kontakte? Dann suchen Sie lieber einen Gymnastik- oder Aquarellkurs für sich selbst. Das schont Ihr Kind und bringt Ihnen selbst letztlich mehr.

LESEN SIE AUCH:
> Konzentrationsmangel, Seite 64
> Unruhe, Seite 114
> Zeitdruck, Seite 120

Fördern statt (über)fordern

- Überprüfen Sie kritisch Ihre eigenen Ansprüche. Es geht einzig und allein um die Bedürfnisse und Interessen Ihres Kindes.
- Machen Sie sich frei von »Regeln« darüber, was Kinder angeblich lernen sollten. Suchen Sie heraus, was zu Ihrem Kind passt.
- Machen Sie Ihrem Kind spielerisch unterschiedliche Angebote: Malt und bastelt es gern und vollendet seine Werke auch? Singt es Lieder mit? Wird es durch viel Bewegung ausgeglichener? Ist es eine Wasserratte? Hat es Ballgefühl? Liebt es Ponys und Pferde?
- Schnuppern Sie in Gruppen, Kurse, Vereine hinein. In die engere Wahl kommt nur, was Ihrem Kind wirklich Spaß macht.
- Sorgen Sie für viele Anregungen im Alltag (auch mit Töpfen und Dosen lässt sich Musik machen). Geben Sie Ihrem Kind zu Hause die Möglichkeit zum Basteln, Werken, Experimentieren mit unterschiedlichen Materialien und einfachen Werkzeugen. Je älter Ihr Kind ist, desto mehr sollten Sie es allein tun lassen.
- Lesen Sie viel zusammen und regelmäßig vor. Beziehen Sie Ihr Kind ein, fragen Sie nach, lassen Sie es Figuren auf Bildern suchen, nacherzählen. Auch anspruchsvollere Texte versteht es so.
- Sorgen Sie für Ruhephasen. Nur so kann Ihr Kind das, was es erfahren und gelernt hat, nachhaltig verarbeiten. Lassen Sie es Dinge ungestört ganz für sich noch einmal ausprobieren oder nachspielen. Wer selbst aktiv wird, lernt am besten.

Ungeduld: Abwarten ist so schwer!

Sie wollen alles – und das sofort. Klappt das nicht, gibt's Gebrüll. Kleine Kinder können einfach nicht warten. Haben sie Hunger, muss er sofort gestillt werden. Eltern brauchen hier viel Geduld.
Doch ab dem Kindergartenalter sollten kleine Leute allmählich warten lernen. Das fällt ihnen oft noch sehr schwer: Vor dem eigenen Geburtstag ist jeder aufgeregt. Wer sich auf den Besuch von Oma freut, fragt jeden Tag, wie lang es noch dauert.
Bei Alltäglichkeiten sollten Kinder es aber schon schaffen, sich zumindest kurze Zeit in Geduld zu üben. Eltern haben auch nur zwei Hände – und ab und zu anderes zu tun, als sich um die spontanen Bedürfnisse ihrer Kinder zu kümmern. Erklären Sie das Ihrem Sprössling in Ruhe. Vertrösten Sie ihn darauf, dass Sie anschließend Zeit für ihn haben – und halten Sie dies dann auch ein.

Gemeinsam Geduld üben

- Sorgen Sie für einen geregelten Tagesablauf. So wissen Kinder genau, was sie wann erwartet. Kündigen Sie Abweichungen möglichst an und erklären Sie, warum der Tagesplan geändert wird.
- Loben Sie geduldiges Verhalten. Ihr Sprössling hat Sie ohne zu drängeln in Ruhe zu Ende telefonieren lassen? Eine tolle Leistung! Zeigen Sie Ihrem Kind Ihre Anerkennung – das spornt an.
- Stellen Sie einen Küchenwecker, wenn Sie etwas ungestört erledigen möchten. Oder wenn es noch zwanzig Minuten dauert, bis der Spielbesuch endlich kommt. Klingelt die Uhr, ist das Warten vorbei. Zeit ist für Ihr Kind auf diese Art besser nachvollziehbar.
- Noch drei Wochen bis zum Urlaub! Malen Sie alle Tage auf einen Streifen Pappe und schneiden Sie jeden Morgen einen ab.

LESEN SIE AUCH:

> Tyrannen, Seite 108
> Unruhe, Seite 114

TIPP: Vertrauen hilft
Kleine Kinder beherrschen das vorausschauende Denken noch nicht: Sie fürchten, dass etwas, das nicht sofort eintritt, nie passieren wird. Wirken Sie dieser Angst entgegen – mit Ihrer Verlässlichkeit!

Ungehorsam: Gegen jede Regel

»**Kannst du nicht ein Mal tun,** was ich dir gesagt habe?« Janas Mutter ist verzweifelt. Das Lieblingswort ihrer vierjährigen Tochter heißt »Nein«. Nie tut sie das, was ihre Eltern von ihr wollen.

Jana befindet sich auf dem Weg in die Selbstständigkeit. In dieser Zeit sind Kinder auf Widerstand programmiert: Sie testen gnadenlos aus, welche Regeln sie verletzen, welche Grenzen sie überschreiten können. Merken sie, dass ihr Verhalten ohne Folgen bleibt, wagen sie sich immer weiter voran – und hören irgendwann gar nicht mehr! Wenn erst jedes Zähneputzen zu langwierigen Verhandlungen führt, ist etwas schiefgelaufen. Kleine Leute brauchen dringend einen festen Rahmen, einen verlässlichen Tagesablauf, klare Regeln und Absprachen. Nur so fühlen sie sich sicher und geborgen.

Kinder unter drei Jahren sind noch nicht in der Lage, über den Sinn oder Unsinn von Regeln nachzudenken. Sie machen sich die Regeln automatisch zu eigen, weil sie sich am Vorbild der Großen orientieren und dabei immer wieder merken, dass das vorteilhaft für sie ist. Sie haben außerdem noch kein Zeitgedächtnis und nehmen daher an, dass Regeln ewig unverändert gelten. Sich bewusst an Regeln zu halten, weil die Eltern sie vorgegeben haben, schaffen Kinder ab etwa zwei Jahren.

Zwischen dem vierten und sechsten Lebensjahr beginnen kleine Leute, Regeln auszuhandeln – zum Beispiel im Spiel – und mit ihnen zu experimentieren. In diesem Alter fordern Kinder Regeln ein. Merken sie, dass Sie als Eltern es damit nicht so genau nehmen, ist das für sie ein Signal, es auch nicht zu tun. Hier ist es erforderlich, dass Sie eindeutige Zeichen setzen!

LESEN SIE AUCH:

> Machtkämpfe, Seite 74
> Trotzanfälle, Seite 106
> Tyrannen, Seite 108
> Zorn und Wutausbrüche, Seite 122

Sinnvolle Regeln

Sprechen Sie mit Ihrem Kind über Regeln. Machen Sie ihm klar, dass Sie über einige nicht verhandeln. So gibt es in Gefahrensituationen keine Diskussionen. Andere Regeln können langsam in gemeinsame Absprachen übergehen. So lernt Ihr Kind im Dialog mit Ihnen, seine Interessen zu vertreten und durchzusetzen, Kompromisse zu schließen und auch immer wieder mal nachzugeben. Außerdem: Wer mitreden darf, hält sich eher an Absprachen.

- Respektieren Sie das Autonomiestreben Ihres Kindes. Es muss lernen, seine eigenen Entscheidungen zu treffen. Besprechen Sie gemeinsam, wann Sie bestimmen und was Ihr Kind entscheiden darf.
- Weiten Sie den Entscheidungsspielraum Ihres Kindes Schritt für Schritt aus. Zeigen Sie ihm, dass Sie es ernst nehmen und ihm etwas zutrauen.
- Handeln Sie Regeln altersabhängig individuell aus. Kinder sind unterschiedlich und brauchen unterschiedliche Regeln.
- Machen Sie Ihrem Sprössling klar, welche Folgen es hat, wenn er eine Regel verletzt: »Wenn du dein Zimmer nicht wie besprochen aufräumst, haben wir nachher keine Zeit für ein Brettspiel.«
- Machen Sie aus Regelverletzungen kein Drama. Sie gehören zum Leben! Kleine Leute lernen dadurch, Interessenkonflikte zu bewältigen. Kinder unter drei Jahren können Sie ohnehin nicht für eine Regelverletzung verantwortlich machen. Ignorieren Sie Regelverletzungen aber nie. Machen Sie Ihr Kind darauf aufmerksam. Sagen Sie ihm, dass Sie ärgerlich darüber sind, und besprechen Sie die Folgen.
- Sorgen Sie konsequent für Folgen, wenn Ihr Kind Regeln verletzt hat. Zeigen Sie, dass Ihnen deren Einhaltung wichtig ist.

GU-ERFOLGSTIPP

REGELN GEBEN HALT

Regeln geben Sicherheit und Orientierung fürs Zusammenleben und schützen oft vor Gefahren. Sie sind nicht allgemein gültig, sondern abhängig von Zeit, Gesellschaft und Familie.

Wichtig:

- Regeln müssen immer altersgerecht begründet und für Ihr Kind nachvollziehbar sein. Es muss den Sinn der Regeln verstehen.
- Regeln müssen »mitwachsen«. Sie dürfen nicht starr sein. Überprüfen Sie Ihre Regeln von Zeit zu Zeit: Je älter Ihr Kind wird, desto weniger starre Regeln braucht es.
- In Ausnahmesituationen kann es notwendig sein, eine Regel ganz oder vorübergehend außer Kraft zu setzen.

Unruhe, Zappelei und Hektik

Viele Kinder können nicht stillsitzen, sind ständig in Bewegung, verbreiten Chaos ... da reißt selbst der gelassensten Mutter irgendwann der Geduldsfaden. Schnell herrscht zu Hause eine gereizte Atmosphäre – und die macht das Kind noch zappeliger! Da hilft nur Ruhe bewahren und nach Ursachen forschen. Oft braucht es nur Verständnis. Denn kleine Leute haben einen viel ausgeprägteren Bewegungsdrang als wir Großen. Sie benötigen sogar dringend Bewegung, um sich körperlich wie geistig entwickeln zu können. Meist ist das, was uns rastlos erscheint, für einen Dreijährigen ein ganz normaler Aktivitätspegel. Kindern, die motorisch sehr aktiv sind, fällt auch mit sieben Jahren das Stillsitzen enorm schwer, sie müssen sich regelmäßig austoben. Aber wir schleppen unsere Kinder durch die Erwachsenenwelt und sind genervt, wenn sie im Restaurant umherlaufen. Oder wir versuchen Zappelphilippe vor dem Fernseher ruhig zu stellen – doch meist entlädt sich der unterdrückte Bewegungsdrang danach explosionsartig. Kinder sind keine kleinen Erwachsenen, und wir sollten sie auch nicht so behandeln. Dann würden sich viele Probleme von selbst erledigen.

WICHTIG

Extrem zappeliges und wildes Verhalten kann auf ein Aufmerksamkeitsdefizit-Syndrom (ADS) mit Hyperaktivität hinweisen. Sind Sie unsicher, ob die Unruhe Ihres Kindes noch normal ist, bitten Sie Ihren Kinderarzt, Sie an einen Spezialisten weiterzuvermitteln.

So kommt mehr Ruhe in den Alltag

> Bleiben Sie gelassen. Ein aufgewecktes Kind ist anstrengend, aber Sie werden sich mit ihm sicher nie langweilen. Und selbst die wildesten Kids werden irgendwann älter – und ruhiger!

> Spielen Sie mit Ihrem Kind Ball und Fangen, lassen Sie es klettern, schaukeln, hüpfen, Roller fahren, balancieren und nach Herzenslust mit anderen Kindern herumtoben.

- Gehen Sie zum Mutter-Kind-Turnen. In vielen Sportvereinen gibt es auch schon für kleine Kinder Angebote. Häufig ist es möglich, zuvor an einem Schnupperkurs teilzunehmen.
- Stellen Sie für Ihren kleinen Springinsfeld ein kleines Trampolin auf. Sie können ihm gar keinen größeren Gefallen tun! Das Hüpfen powert richtig aus und fördert das Körperempfinden Ihres Kindes.
- Ist Ihr Sprössling völlig überdreht oder übermüdet und deshalb so unruhig, nehmen Sie ihn fest in den Arm. Streichen Sie ihm langsam und gleichmäßig von oben nach unten über den Rücken. Auch eine Massage kann gut tun. Aber lassen Sie sofort los, wenn es Ihrem Kind nicht gefällt. Wer sich wehrt, wird noch unruhiger.
- Singen Sie zusammen, das beruhigt. Es fördert die tiefe Atmung und entspannt auf diese Weise. Probieren Sie aus, was Ihrem kleinen Unruhegeist am besten gefällt: Kinderlieder, Fantasiemelodien, einfache Tonfolgen mit den Vokalen a, e, i, o und u oder nur Summtöne.

LESEN SIE AUCH:

> Bewegungsmangel, Seite 33

> Entspannung, Seite 44

> Konzentrationsmangel, Seite 64

> Trotzanfälle, Seite 106

Tipps für den »Ernstfall«

- Bemühen Sie sich, selbst Ruhe zu bewahren. Sagen Sie sich auch im größten Chaos: »Ich bin ganz ruhig!« Legen Sie eine Hand an den Hinterkopf, die andere an die Stirn. Schließen Sie die Augen und atmen Sie tief in Ihren Bauch hinein. Beim Ausatmen können Sie den Stress einfach »wegpusten«.
- Haben Sie trotzdem irgendwann das Gefühl, dass Sie gleich ausrasten, verlassen Sie unbedingt vorübergehend den Schauplatz: Im Bad oder im Garten können Sie sich wieder beruhigen.
- Ganz wichtig: Gönnen Sie sich oft genug allein oder mit Ihrem Partner Auszeiten. Das tut sowohl Ihnen als auch Ihrem Kind gut.

Unselbstständigkeit: Mama, mach du das!

LESEN SIE AUCH:
> Einzelkinder, Seite 42
> Hilfe im Haushalt, Seite 54
> Schulanfang, Seite 94
> Tyrannen, Seite 108

Bald kommt Marlene in die Schule. Aber den Anorak zieht sie nicht allein an. Auch die Schuhe bindet Mama. Herrlich bequem! Doch fit fürs Leben werden Kinder so nicht. Eltern, die ihren Kids alles abnehmen, stets alles für sie regeln, tun ihnen auf Dauer keinen Gefallen. Machen Sie Schluss mit dem Rundumservice! Praktische Dinge des Alltags können Kinder nicht früh genug lernen – das macht nicht nur selbstständig, sondern auch selbstbewusst.

Loslassen und Mut machen

- Lassen Sie Ihr Kind los. Es kann mehr, als Sie denken. Trauen Sie ihm etwas zu. Helfen können Sie notfalls immer noch.
- Ermutigen Sie Ihr Kind, etwas selbst zu tun: Essen, Anziehen, Waschen, Zähneputzen ... Greifen Sie nicht ein, auch wenn es länger dauert oder noch nicht so gut klappt. Loben Sie viel!
- Gönnen Sie Ihrem Kind eigene Entscheidungen. Shorts im Winter sind natürlich zu kalt. Aber wen stört es, wenn Ihr Kind zur karierten Hose einen Ringelpulli aussucht?
- Geben Sie Anleitung und praktische Unterstützung: Zeigen Sie, wie etwas gemacht wird; üben Sie es immer wieder zusammen.

GU-ERFOLGSTIPP DIE QUAL DER WAHL

Die Qual der Wahl kann ein Kind auch überfordern. Statt zu fragen »Was möchtest du heute zu Mittag essen?«, können Sie deshalb eine Vorentscheidung treffen und fragen: »Möchtest du heute Hähnchen mit Pommes und Gemüse oder lieber Pfannkuchen mit Apfelmus?«

Verhaltensauffällig – stimmt etwas nicht?

»**Unser Kind ist so schwierig!**«, beklagen sich immer mehr Eltern. Andere wiederum möchten am liebsten gar nicht wahrhaben, dass ihr Kind ernste Probleme haben könnte. Erst wenn es im Kindergarten oder in der Schule Beschwerden hagelt, können sie die Situation nicht länger ignorieren. Doch dann ist oft schon sehr viel Zeit ungenutzt verschenkt worden.

Natürlich ist es grundsätzlich richtig, ein Kind so zu akzeptieren, wie es ist – und nicht ständig nach seinen möglichen Schwächen zu suchen und ihm seine Fehler anzukreiden. Doch werden Sie bitte nicht allzu unkritisch! Beobachten Sie Ihr Kind jeden Tag aufs Neue mit sensibler Distanz. Erwarten Sie zu viel von ihm? Machen Ihrem Kind aktuelle Umbrüche oder Konflikte in der Familie zu schaffen? Oder könnte es anderweitige Probleme haben? Gehen Sie der Sache auf den Grund. Dabei sollten Sie zunächst ruhig Ihrem Gefühl vertrauen.

Im Kasten auf Seite 119 finden Sie eine Zusammenstellung verschiedener Signale, mit denen sich Verhaltensstörungen äußern können. Diese können unter Umständen auf organische beziehungsweise entwicklungsbedingte Störungen hinweisen. Wohlgemerkt: Hinter solchen Symptomen können möglicherweise Probleme stecken – sie müssen es aber nicht! Manche der Verhaltensweisen gehören vielleicht einfach zur Persönlichkeit Ihres Kindes, oder es macht gerade eine schwierige Phase durch.

MÖGLICHE URSACHEN FÜR UNGEWÖHNLICHES VERHALTEN

- Störungen in der Sinneswahrnehmung
- Störungen der Bewegungskoordination
- ein Aufmerksamkeitsdefizit-Syndrom (ADS, siehe Seite 114)
- Sprachverzögerungen und -störungen
- Sehstörungen
- Hörstörungen oder Probleme bei der Verarbeitung des Gehörten
- Teilleistungsstörungen
- versteckte Allergien

Probleme erkennen und lösen

Wenn Sie den Verdacht haben, dass bei Ihrem Kind etwas nicht stimmt, lassen Sie sich von Ihrem Kinderarzt an einen geeigneten Experten überweisen. Je früher, desto besser. Denn die meisten Schwierigkeiten verwachsen sich nicht einfach. Im Gegenteil: Was sich bei einem Kleinkind nur als »Macke« bemerkbar macht, kann beim Schulkind schon eine schwerwiegende Beeinträchtigung sein. Scheuen Sie sich also nicht, rechtzeitig Spezialisten zu Rate zu ziehen. Nur sie können genaue Diagnosen stellen und herausfinden, ob wirklich eine Störung vorliegt, wie schwer sie ist und ob eine Behandlung notwendig ist. Die Augen vor Problemen zu verschließen bringt weder Ihnen noch Ihrem Kind etwas. Je früher eine notwendige Therapie begonnen wird, desto besser. Versäumen Sie nichts. Ihr Kind wird Ihnen dafür dankbar sein.

Schritt für Schritt zur passenden Hilfe

- Nutzen Sie die Vorsorgeuntersuchungen. Sprechen Sie Ihren Kinderarzt gezielt auf das an, was Sie beunruhigt. Er kann dann die weiteren Schritte zur Abklärung einleiten.
- Bei Unsicherheiten bitten Sie um Überweisung an Spezialisten. Hat Ihr Kind zum Beispiel Sprachprobleme, müssen auch die Ohren untersucht werden. Bei Bewegungsstörungen ist der Orthopäde gefragt. Hören Sie sich zuvor bei anderen Eltern um, welcher Facharzt auf Kinder spezialisiert ist.
- Lassen Sie sich nicht abwimmeln und auf keinen Fall einreden, Sie seien überängstlich oder gar hysterisch! Bestehen Sie auf einer genauen Abklärung. Notfalls wechseln Sie den Arzt, bis Sie einen finden, der Sie und die Sorgen um Ihr Kind ernst nimmt.
- Suchen Sie auch Rat bei anderen Stellen. Wenden Sie sich je nach Problem auch an Erziehungsberatungsstellen, Frühförderungszentren, Selbsthilfegruppen und Patientenorganisationen. Nutzen Sie alle Möglichkeiten.
- Akzeptieren Sie die Diagnose. Wird tatsächlich eine Störung bei Ihrem Kind festgestellt, kümmern Sie sich schnell um die nötige Therapie. Bestätigt sich Ihr Verdacht nicht, freuen Sie sich. Haben Sie Geduld! Vielleicht ist die schwierige Phase bald vorbei.

LESEN SIE AUCH:

› Lernprobleme, Seite 68
› Unruhe, Seite 114
› Zorn und Wutausbrüche, Seite 122

Wichtig: Warnzeichen für Probleme

Körperliche Auffälligkeiten

- Ist Ihr Kind im Vergleich zu anderen Kindern in seinem Alter extrem zappelig, unruhig, überaktiv?
- Ist beziehungsweise war Ihr Kind ein Schreibaby?
- Hat es – von klein auf – Probleme mit dem Gleichgewicht? Schaukelt es ungern? Fährt es nicht gern Karussell? Kann es schlecht balancieren oder hüpfen?
- Ist es sehr tollpatschig? Eckt es überall an, stößt es sich oft, hat es immer blaue Flecken? Fällt es häufig hin, ohne sich dabei reflexartig abzustützen?
- Kann es seine Bewegungen schlecht koordinieren? Muss es normale Bewegungsabläufe auffällig mit Blicken kontrollieren? Kann es mit fünf oder sechs Jahren noch nicht rückwärts laufen?
- Hat Ihr Kind Probleme mit der Feinmotorik? Ist es häufig sehr ungeschickt? Fallen ihm Dinge, die Fingerspitzengefühl erfordern, schwer (auch noch im Alter von fünf oder sechs Jahren)?
- Kann es seine Kräfte nicht dosieren? Ist es ruppig, impulsiv, oft aggressiv?
- Hat es Atem- und Verdauungsprobleme?
- Schläft es ständig schlecht? Hat es auch als Kleinkind noch einen unregelmäßigen Schlaf-Wach-Rhythmus?
- Essverhalten: Isst es schlecht? Lehnt es bestimmte Nahrungsmittel ganz ab?

Sinne und Wahrnehmung

- Lässt Ihr Kind sich nicht gern anfassen, wehrt es Berührungen ab? Reagiert es überempfindlich auf Geräusche, Temperaturen, Schmerz?
- Empfindet es kaum oder wenig Schmerz? Ist es sehr wagemutig? Erkennt es Gefahren oft nicht?
- Spricht es undeutlich? Nuschelt es? Hat es Probleme mit einzelnen Lauten oder Lautkombinationen? Stottert es immer oder in bestimmten Situationen?
- Hört es oft nicht, was Sie sagen? Müssen Sie es mehrmals ansprechen, bevor es reagiert?

Psychische und soziale Reife

- Kann Ihr Kind sich auch mit fünf oder sechs Jahren noch schlecht konzentrieren?
- Ist es (im Alter ab vier Jahren) noch unfähig, eingeforderte Regeln einzuhalten?
- Empfinden Sie es immer schon als auffallend langsam, zu ruhig, zu still, zu »pflegeleicht« oder überängstlich?
- Rastet es bei Kleinigkeiten aus, obwohl das Trotzalter (siehe Seite 106) schon vorbei sein sollte? Bekommt es schnell Tobsuchtsanfälle? Schwankt seine Stimmung sehr unvermittelt?
- Kann es sich als Kindergartenkind in keine Gruppe einfügen? Steht es eher abseits? Versteckt es sich hinter Clownerien und besonders albernem Verhalten?

Zeitdruck: Hektik und Stress

»**Wir haben gar keine Zeit!** Ich bin schon völlig gestresst«, stöhnen viele Mütter. Und kämpfen sich weiter mit unlustigen Kindern im Schlepptau von einem Termin zum nächsten. Das Resultat: abgehetzte, genervte Mamas, überdrehte Kinder und eine gereizte Atmosphäre, in welcher der kleinste Funken eine Explosion auslöst. Muss das denn sein? Mit Babymassage und Krabbelgruppe fängt es an. Später folgen Mutter-Kind-Turnen, Musikalische Früherziehung, Bastelnachmittage, Schwimmkurs. Kommen dann noch Kindergarten, ein Geburtstag und die Kontrolluntersuchung beim Zahnarzt dazu, wird es ziemlich eng.

Prall gefüllte Terminkalender sind schon bei Vorschulkindern keine Seltenheit. Spontan geht gar nichts mehr – Zeit zum Spielen, Toben, Experimentieren, Trödeln, Kuscheln oder einfach mal nur zum Seelebaumelnlassen gibt es kaum noch. Kein Wunder, dass immer mehr Kids unruhig, unkonzentriert und laut sind oder gelangweilt herumhängen und nichts mit sich anzufangen wissen. Sie haben es einfach nie gelernt, sich selbst zu beschäftigen.

HAND AUFS HERZ

- Fühlen Sie sich oft überfordert, gehetzt und gestresst?
- Fehlen Ihnen Pausen und Zeit für Hobbys?
- Ist Ihr Kind unruhig, überdreht und schläft schlecht?
- Geht es nur widerwillig zu Terminen und Aktivitäten?

Freiräume und Gemeinsamkeit schaffen

Mehr als alles andere brauchen Kinder Zeit. Unverplante Zeit zur freien Verfügung, ungestört und unbeobachtet von Eltern und anderen Erwachsenen. Freiräume zum Spielen und Träumen im eigenen Rhythmus und Tempo. Und Ihre Kinder brauchen auch Zeit mit Ihnen: zum gemeinsamen Spielen, Reden, Schmusen, Träumen, Toben und Lachen. Schenken Sie sich selbst und Ihrem Kind mehr Muße. Sie werden staunen, wie viel reicher Ihr Alltag ohne tausend Termine sein kann.

So wird Ihr Alltag »luftiger«

- Entschlacken Sie Ihren Terminkalender und den Ihrer Kinder. Seien Sie wählerisch: Macht es nach vier Jahren wirklich noch Spaß, sich jeden Monat mit allen Müttern aus dem Geburtsvorbereitungskurs und deren Kindern zu treffen? Sortieren Sie aus, was Ihnen nicht wirklich wichtig ist. Freuen Sie sich über Lücken!
- Nicht jedes Kind muss zum Ballett oder zum Fußball. Ihr Kind sollte sich an die Termine halten, auf die es wirklich Lust hat.
- Finden Sie den optimalen Aktivitätslevel für Ihre Familie: Das eine Kind braucht viel Zeit für sich, ein anderes lebt im Trubel richtig auf. Spüren Sie die Bedürfnisse in Ihrer Familie durch sensibles Beobachten und Gespräche auf: Vielleicht können Sie Ihren quirligen Jüngsten öfter zum Spielen mit dem Nachbarskind zusammenbringen und so mehr Zeit mit Ihrer stillen Großen verbringen. Oder Sie wechseln sich mit einer Freundin bei der Kinderbetreuung ab. So gewinnt jede Freizeit für sich.
- Verplanen Sie nicht die ganze Woche. Mehr als ein oder zwei Nachmittagstermine pro Woche sollten es nicht sein.
- Setzen Sie sich selbst und Ihre Kinder nicht unter Druck. Haben die Kids oder Sie keine Lust zu etwas, lassen Sie es sein! Machen Sie es sich zu Hause gemütlich. Genießen Sie zusammen die Zeit vor der Einschulung. Terminzwänge kommen früh genug.
- Pflegen Sie Kontakte unabhängig von Ihrem Kind. Treffen Sie sich mit Freundinnen zum zweiten Frühstück oder abends auf ein Glas Wein. Lassen Sie Ihr Kind bei der Oma, wenn Sie zum Sport oder in eine Ausstellung wollen. Gönnen Sie sich mal einen Babysitter für Unternehmungen mit Ihrem Partner.

LESEN SIE AUCH:

> Bewegungsmangel, Seite 33
> Entspannung, Seite 44
> Langeweile, Seite 66
> Trödeln, Seite 104
> Überfordert – unterfordert?, Seite 109
> Unruhe, Seite 114

Zorn und Wutausbrüche – unerträglich heftig!

Kevin (fünf Jahre alt) verliert nicht gern. Tischspiele mit ihm sind deshalb mittlerweile allen ein Gräuel: Gewinnt Kevin dabei nicht, rastet er aus, und dann fliegen Spielfiguren, Würfel, Spielgeld ... durch die Gegend. Auch wenn er allein spielt, kann seine Stimmung ganz schnell kippen: Funktioniert irgendetwas nicht so, wie er es will, schreit und tobt er und treibt so seine Mutter zur Weißglut. Besonders schlimm sind solche wütenden Auftritte in der Öffentlichkeit, denn meist dauert es ganz schön lange, bis Kevin sich wieder einigermaßen beruhigt hat.

Eltern kennen diesen Zustand aus der Trotzphase ihres Kindes. Aber auch später machen viele Kinder ihrer Wut noch lautstark Luft. Bei Krisen und Konflikten in Familie, Kindergarten oder Schule, bei Ängsten, Überforderung und Aggressionen im direkten Umfeld können heftige Wutausbrüche ein momentan erleichterndes Notventil sein. Manchmal ist die Schwelle vom verständlichen Frust zum totalen Ausrasten extrem niedrig.

Da müssen Sie als Eltern dringend einen kühlen Kopf bewahren. Nur so können Sie verhindern, dass die Situation völlig eskaliert. Zeigen Sie außerdem als Vorbild Ihrem Kind, wie es mit heftigen Emotionen besser umgehen kann.

Wütend und zornig zu sein ist in Ordnung. Jeder, auch Ihr Kind, hat ein Recht auf solche Gefühle – und darauf, sie auch zuzulassen. Es soll sie nicht unterdrücken. Doch sie an anderen auslassen oder in seiner Wut etwas zerstören darf es nicht – hier sind eindeutig die Grenzen. Sie als Eltern haben schließlich auch ein Recht darauf, in Frieden zu leben und die kindlichen Wutausbrüche nicht ertragen zu müssen.

HAND AUFS HERZ

- Sind Sie aufbrausend, gehen bei Kleinigkeiten an die Decke?
- Muss Ihr Kind unter Ihren Wutanfällen leiden?
- Erfüllen Sie Ihrem Kind schnell jeden Wunsch, um Ärger zu vermeiden?

Ruhig bleiben, Grenzen setzen

- Das beste Mittel: unerwünschtes Verhalten ignorieren. Versuchen Sie, das zu trainieren. Bleiben Sie cool. Lassen Sie sich auch nicht durch Bemerkungen anderer Leute aus der Ruhe bringen. Sprechen Sie leise – das dämpft die Wut.
- Belohnen Sie die Show Ihres Kindes nie. Es muss erfahren, dass es sich nicht lohnt, zu wüten. Erfolg stellt sich nur ein, wenn vernünftig gefragt und verhandelt wird. Wer tobt, wird nicht beachtet. Wer seine Wut in den Griff bekommt, wird gelobt.
- Lassen Sie sich nie zu drastischen Handlungen wie Schlagen und Schreien verleiten. Das bringt überhaupt nichts. Es bestätigt Ihr Kind nur in seinem Zorn.
- Reagieren Sie nicht vorschnell. Manchmal ist es sinnvoll, den Zorn erst verrauchen zu lassen, um in Ruhe zu handeln.
- Lassen Sie Ihr Kind eine Weile allein im Raum. Kündigen Sie an, dass Sie zu weiteren Verhandlungen erst bereit sind, wenn Sie beide wieder vernünftig miteinander umgehen können. Achten Sie aber darauf, dass Ihr Kind nicht in Gefahr ist.
- Zeigen Sie Ihrem Wüterich die Rote Karte (einfach aus Pappe ausschneiden). Sie bedeutet: Auszeit! Sie schicken Ihr Kind in ein anderes Zimmer; dort muss es sich kurze Zeit, etwa zwei Minuten, ruhig verhalten. Die Uhr läuft aber erst, wenn es sich ausgetobt hat. Die Rote Karte kann es auch unterwegs geben. Ihr Kind muss dann auf dem Spielplatz am Rand oder im Auto sitzen.
- Versuchen Sie, gelassen zu bleiben. Wenn Sie selbst mal die Wut packt, atmen Sie dreimal tief durch, bevor Sie reagieren. Oder zählen Sie innerlich ganz langsam bis zehn. Stellen Sie sich dann vor, wie die Fliege an der Wand das Geschehen beurteilen würde. Das beruhigt und lässt Gelassenheit wachsen.
- Tauschen Sie mal die Rollen: Fordern Sie Ihren kleinen Wüterich zu einem Spiel auf. Sie sind jetzt das zornige Kind, Ihr Sprössling ist Mutter oder Vater. So kann er Verständnis für Ihre Situation entwickeln und neue Modelle für sein Verhalten lernen. Besprechen Sie anschließend: Warum war das »Kind« zornig? Hat der Anfall genützt? Warum beziehungsweise warum nicht? Wie könnte man sich anders verhalten?

LESEN SIE AUCH:

> Egotrip, Seite 38
> Machtkämpfe, Seite 74
> Trotzanfälle, Seite 106

Bücher, die weiterhelfen

Dreikurs, R.; Loren, G.: **Kinder lernen aus den Folgen;** Herder

Dreikurs, R.; Stolz, V.: **Kinder fordern uns heraus;** Klett-Cotta

Eschenbroich, D.: **Das Weltwissen der Siebenjährigen;** Goldmann

Friedrich, G. u. a.: **Mit Kindern Gefühle entdecken;** Beltz

Juul, J.: **Grenzen, Nähe, Respekt;** Rowohlt

Prekop, J.; Schweizer, C.: **Kinder sind Gäste, die nach dem Weg fragen;** Kösel

Rogge, J.-U.: **Kleine Helden - großer Mut; Das neue Kinder brauchen Grenzen; Ohne Chaos geht es nicht;** Rowohlt

Stamer-Brandt, P.: **Wut-weg-Spiele;** Herder

Stamer- Brandt, P.: **Stark-mach-Spiele;** Christophorus

AUS DEM GRÄFE UND UNZER VERLAG

Bannenberg, T.: **Yoga für Kinder**

Bentheim, A.; Murphy-Witt, M.: **Was Jungen brauchen**

Ettrich, Prof. Dr. med. C.; Murphy-Witt, M.: **AD(H)S – was wirklich hilft**

Glaser, U.: **Die Eltern-Trickkiste**

Juul, J.: **Vier Werte, die Kinder ein Leben lang tragen**

Kast-Zahn, A.: **Jedes Kind kann Regeln lernen; Gelassen durch die Trotzphase**

Kunze, P.; Salamander, C.: **Die schönsten Rituale für Kinder**

Nitsch, C.; Hüther, G.: **Kinder gezielt fördern**

Rogge, J.-U./Bartram, A.: **Wie Sie reden, damit Ihr Kind zuhört & wie Sie zuhören, damit Ihr Kind redet**

KINDERBÜCHER UND SPIELE

Brownjohn, E.: **Groß, klein, dick, dünn. Ich mag mich wie ich bin;** Gabriel

Kaup, U./ Kraushaar, S.: **Freu dich, kleiner Schmetterling!;** Arena

Kosmolino – Wie zeigst du Gefühle?; Beltz

Lindgren, A.; Wikland, I.: **Ich will auch Geschwister haben;** Oetinger

Lobe, M.: **Das kleine Ich bin ich;** Jungbrunnen

Adressen, die weiterhelfen

DEUTSCHLAND

Arbeitskreis Neue Erziehung e. V.

Hasenheide 54, 10967 Berlin
www.ane.de; www.aktiv-fuer-kinder.de

Bundesarbeitsgemeinschaft Elterninitiativen (BAGE) e. V.

Einsteinstraße 111, 81675 München
www.bage.de

Bundeskonferenz für Erziehungsberatung e. V.

Herrnstr. 53, 90763 Fürth
www.bke.de; www.bke-elternberatung.de

Deutsche Liga für das Kind in Familie und Gesellschaft e.V.

Charlottenstr. 65, 10117 Berlin
www.liga-kind.de

Deutscher Kinderschutzbund e. V.

Schönebergerstr. 15, 10963 Berlin; www.dksb.de

Mütterzentren e. V.

Müggenkampstr. 30a, 20257 Hamburg
www.muetterzentren-bv.de
Plattform für eine kinderfreundliche Zukunft

ADHS im Universitätsklinikum

Kerpener Straße 62, 50937 Köln
www.zentrales-adhs-netz.de

Beratungs- und Informationsstelle für Linkshänder und umgeschulte Linkshänder e. V.

Sendlinger Str. 17, 80331 München
www.linkshaender-beratung.de

Deutsche Gesellschaft für das hochbegabte Kind e. V.

Schillerstraße 4–5, 10625 Berlin
www.dghk.de

Verein zur Förderung wahrnehmungsgestörter Kinder e. V.

Ben-Gurion-Ring 161, 60437 Frankfurt
www.wahrnehmungsstoerung.com

Gute Bücher für Kinder und Eltern: www.erziehungsratgeber.info
Internetplattform für Eltern: www.kidnet.de
Portale für Familienthemen: www.familienhandbuch.de; www.eltern.de
Gemeinschaftsprojekt der Rundfunksender: www.kinder-sind-zukunft.de
Forum für Selbsthilfegruppen: www.nakos.de

ÖSTERREICH

Hilfswerk Österreich

Apollogasse 4/5, 1070 Wien; www.hilfswerk.at
Auf der Website finden Sie Links zu Standorten in ganz Österreich.

Familienreferat Salzburg

Schwarzstraße 21/3, 5020 Salzburg
www.salzburg.gv.at/fam_referat

Steirischer Familienbund

Mondscheingasse 8/II/5, 8010 Graz
www.familieninfo.at

Die Kinderfreunde Burgenland

Permayerstr. 2, 7000 Eisenstadt
www.bgld.kinderfreunde.at

Oberösterreichischer Familienbund

Hauptstr. 83–85, 4040 Linz
www.ooe.familienbund.at

Zentrum für Ehe- und Familienfragen

Anichstr. 24/2, 6020 Innsbruck
www.zentrum-beratung.at

Initiative für Elternbildung des Familienministeriums: www.eltern-bildung.at
Zentrum für Schwangerschaft, Geburt und Leben mit Kindern: www.nanaya.at

SCHWEIZ

Gesellschaft für das Gute und Gemeinnützige Basel: www.ggg-basel.ch
Elternnotruf Zürich: Tel.: 044/261 88 66; www.elternnotruf.ch
Online-Elterntraining: www.elterntraining.ch

Sachregister

Impressum

Überarbeitete und erweiterte Neuausgabe von »Das Erziehungs-ABC. Von Angst bis Zorn«, GRÄFE UND UNZER VERLAG 2006, ISBN 3-8338-0223-2 (Erstausgabe: 2002)

Projektleitung: Reinhard Brendli

Lektorat: Barbara Kohl

Bildredaktion: Henrike Schechter

Layout: independent Medien-Design, Horst Moser, München

Herstellung: Christine Mahnecke

Satz: Christopher Hammond

Reproduktion: Repro Ludwig, Zell am See

Druck: Firmengruppe APPL, aprinta druck, Wemding

Bindung: Firmengruppe APPL, sellier druck, Freising

ISBN 978-3-8338-1661-1

4. Auflage 2012

GRÄFE UND UNZER

Ein Unternehmen der
GANSKE VERLAGSGRUPPE

Bildnachweis

Fotos: Corbis: S. 2, 8; GettyImages: S. 3, 6, hintere Umschlagseite; Picturepress: S. 1, 24; Monika Murphy-Witt: S. 4 (u.); Plainpicture: vordere Umschlagseite (Buch und Folder); Petra Stamer-Brandt: S. 4 (o.)

Illustrationen: Belicta Castelbarco

Syndication: www.jalag-syndication.de

Umwelthinweis

Dieses Buch wurde auf PEFC-zertifiziertem Papier aus nachhaltiger Waldwirtschaft gedruckt.

Unsere Garantie

Mit dem Kauf dieses Buches haben Sie sich für ein Qualitätsprodukt entschieden. Wir haben alle Informationen in diesem Ratgeber sorgfältig und gewissenhaft geprüft. Sollte Ihnen dennoch ein Fehler auffallen, bitten wir Sie, uns das Buch mit dem entsprechenden Hinweis zurückzusenden. Gerne tauschen wir Ihnen den GU-Ratgeber gegen einen anderen zum gleichen oder zu einem ähnlichen Thema um.

Liebe Leserin und lieber Leser,

wir freuen uns, dass Sie sich für ein GU-Buch entschieden haben. Mit Ihrem Kauf setzen Sie auf die Qualität, Kompetenz und Aktualität unserer Ratgeber. Dafür sagen wir Danke!
Wir wollen als führender Ratgeberverlag noch besser werden. Daher ist uns Ihre Meinung wichtig. Bitte senden Sie uns Ihre Anregungen, Ihre Kritik oder Ihr Lob zu unseren Büchern. Haben Sie Fragen oder benötigen Sie weiteren Rat zum Thema? Wir freuen uns auf Ihre Nachricht!

GRÄFE UND UNZER VERLAG
Leserservice
Postfach 86 03 13
81630 München

Wir sind für Sie da!
Montag–Donnerstag: 8.00–18.00 Uhr
Freitag: 8.00–16.00 Uhr
Tel.: 0180 - 500 50 54*
Fax: 0180 - 501 20 54*
E-Mail: leserservice@graefe-und-unzer.de

*(0,14 €/Min. aus dem deutschen Festnetz, Mobilfunkpreise maximal 0,42 €/Min.)

GRÄFE UND UNZER

Ein Unternehmen der
GANSKE VERLAGSGRUPPE